HARCOURT

Estudios Sociales

Estados Unidos

Tarea y práctica

www.harcourtschool.com

Printed in the United States of America

ISBN-13: 978-0-15-349702-5
ISBN-10: 0-15-349702-5

1 2 3 4 5 6 7 8 9 10 073 15 14 13 12 11 10 09 08 07

Las actividades de este libro refuerzan los conceptos y las destrezas de estudios sociales de ***Harcourt Estudios Sociales: Estados Unidos.*** Hay una actividad para cada lección y destreza. Además de las actividades, este libro contiene reproducciones de los organizadores gráficos de Resume el capítulo, que aparecen en los repasos de los capítulos de la Edición del estudiante. También se incluyen guías de estudio para que los estudiantes repasen. En la Edición del maestro aparecen copias de las páginas de actividades con sus respectivas respuestas.

Contenido

UNIDAD 1: EL TERRITORIO Y SUS PRIMEROS HABITANTES

UNIDAD 2: EXPLORACIÓN Y COLONIZACIÓN

Capítulo 3: La época de las exploraciones

Capítulo 4: Formación de las primeras colonias

Capítulo 5: Las trece colonias

UNIDAD 3: LA REVOLUCIÓN AMERICANA

Capítulo 6: Las colonias se unen

Capítulo 7: La Guerra de la Independencia

UNIDAD 4: UNA NACIÓN EN CRECIMIENTO

Capítulo 8: La Constitución

Capítulo 9: La joven república

UNIDAD 5: LOS TIEMPOS DE LA GUERRA CIVIL

Capítulo 10: La Guerra Civil

Capítulo 11: Una nación cambiante

UNIDAD 6: ESTADOS UNIDOS Y EL MUNDO

Capítulo 12: Un líder mundial

Capítulo 13: Conflicto y cambio

Capítulo 14: Un nuevo siglo

Nombre ______________________ Fecha ______________

Estados y regiones

INSTRUCCIONES **Usa el mapa para responder las preguntas.**

❶ Las capitales de los estados de la región del Suroeste son Phoenix, Santa Fe, Oklahoma City y ______________.

❷ Los dos estados de Estados Unidos que no son contiguos son Alaska y ______________.

❸ La región que está en el centro del país es el ______________.

❹ El estado más pequeño de la región del Noreste es ______________.

❺ Florida está en la región del ______________ de Estados Unidos.

Nombre ______________________________ Fecha ______________

Destrezas: Usar latitud y longitud

INSTRUCCIONES Usa el mapa para hallar las coordenadas de latitud y longitud que se indica abajo. Luego, escribe el nombre del estado que corresponde a cada ubicación.

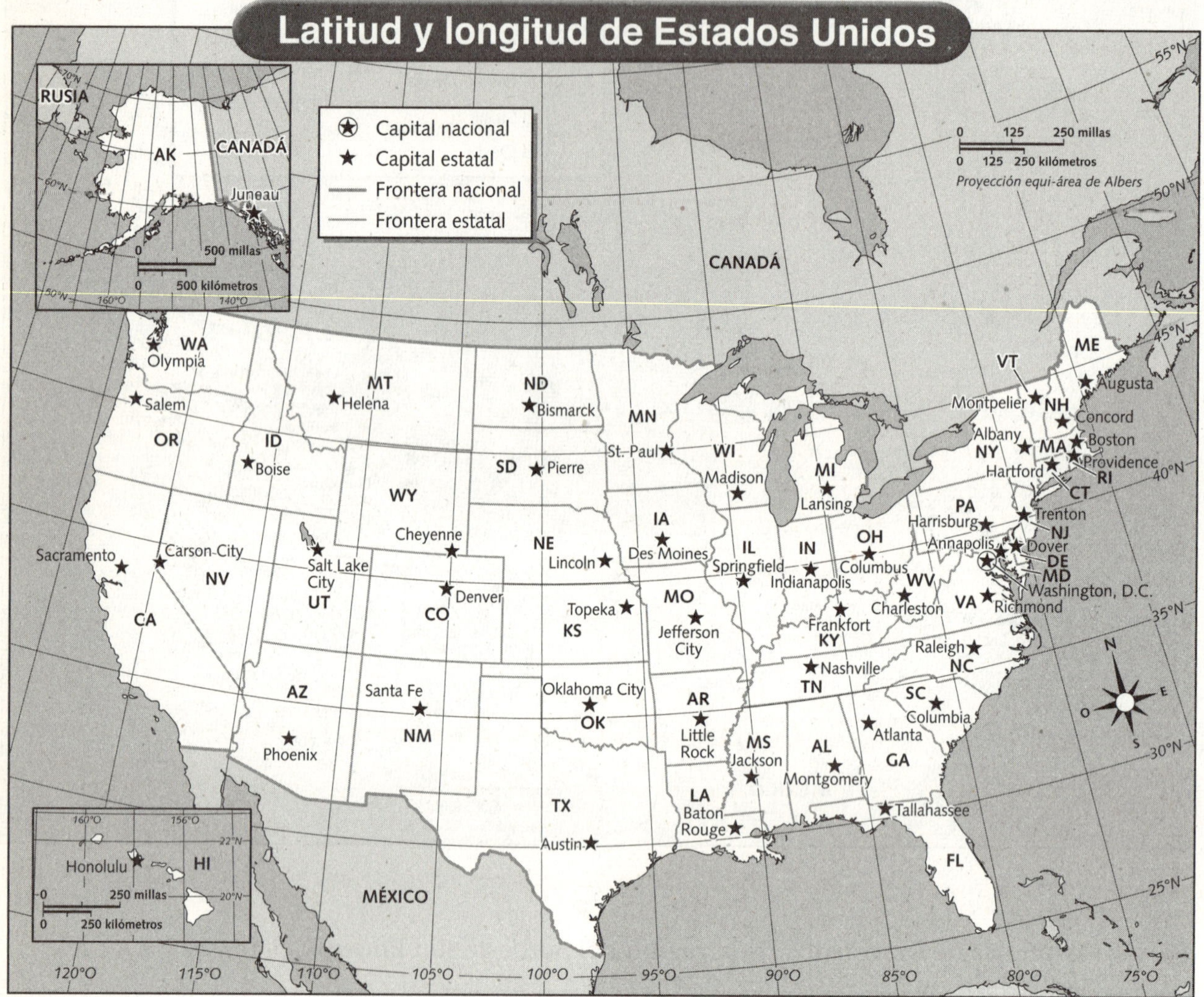

1. 30°N, 100°O ______________________
2. 40°N, 90°O ______________________
3. 40°N, 80°O ______________________
4. 40°N, 110°O ______________________
5. 30°N, 90°O ______________________

(sigue)

 Usar después de leer el Capítulo 1, Lección de destreza, págs. 20–21.

Nombre ______________________ Fecha ______________

INSTRUCCIONES **Describe la ubicación absoluta de cada capital estatal. Usa el mapa de la página 2 para hallar la latitud y longitud aproximada de cada capital y completa la tabla de abajo.**

Capital estatal	Latitud	Longitud
Denver, Colorado		
Trenton, New Jersey		
Springfield, Illinois		
Pierre, South Dakota		
Tallahassee, Florida		

INSTRUCCIONES **Usa el mapa de la página 2 para hallar la capital estatal que se encuentra en la latitud y longitud aproximadas que se indican en la tabla de abajo. Completa la tabla.**

Latitud	Longitud	Capital estatal
41°N	105°O	
43°N	85°O	
39°N	120°O	
30°N	98°O	
45°N	93°O	

Nombre ______________________________ Fecha ________________

El territorio

INSTRUCCIONES Usa los términos del recuadro para ayudarte a completar las oraciones acerca de los accidentes geográficos.

cordillera	cuenca	clima
montañas	Costera	Interior

1. El tipo de tiempo que tiene un lugar durante un período de muchos años se llama ______________________ .

2. La Llanura ______________________ comienza a lo largo de la costa de Massachusetts. Allí se presenta como una estrecha franja de tierra de no más de 10 millas (16 km) de ancho.

3. Los Apalaches son una ______________________ que se extiende desde el sur de Canadá hasta el centro de Alabama.

4. Las llanuras del ______________________ atraviesan el centro de Estados Unidos.

5. Una ______________________ es un terreno bajo, con forma de tazón, rodeado de tierras más altas.

6. Las ______________________ bajas dan al Pacífico una apariencia rocosa y escarpada.

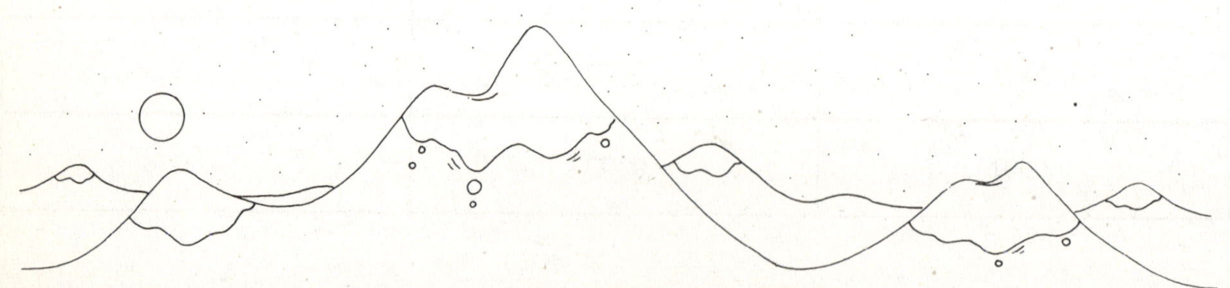

 Usar después de leer el Capítulo 1, Lección 2, págs. 22–29.

Nombre ______________________ Fecha ______________

Masas de agua

INSTRUCCIONES **Usa el mapa para responder las preguntas.**

Principales masas de agua de Estados Unidos

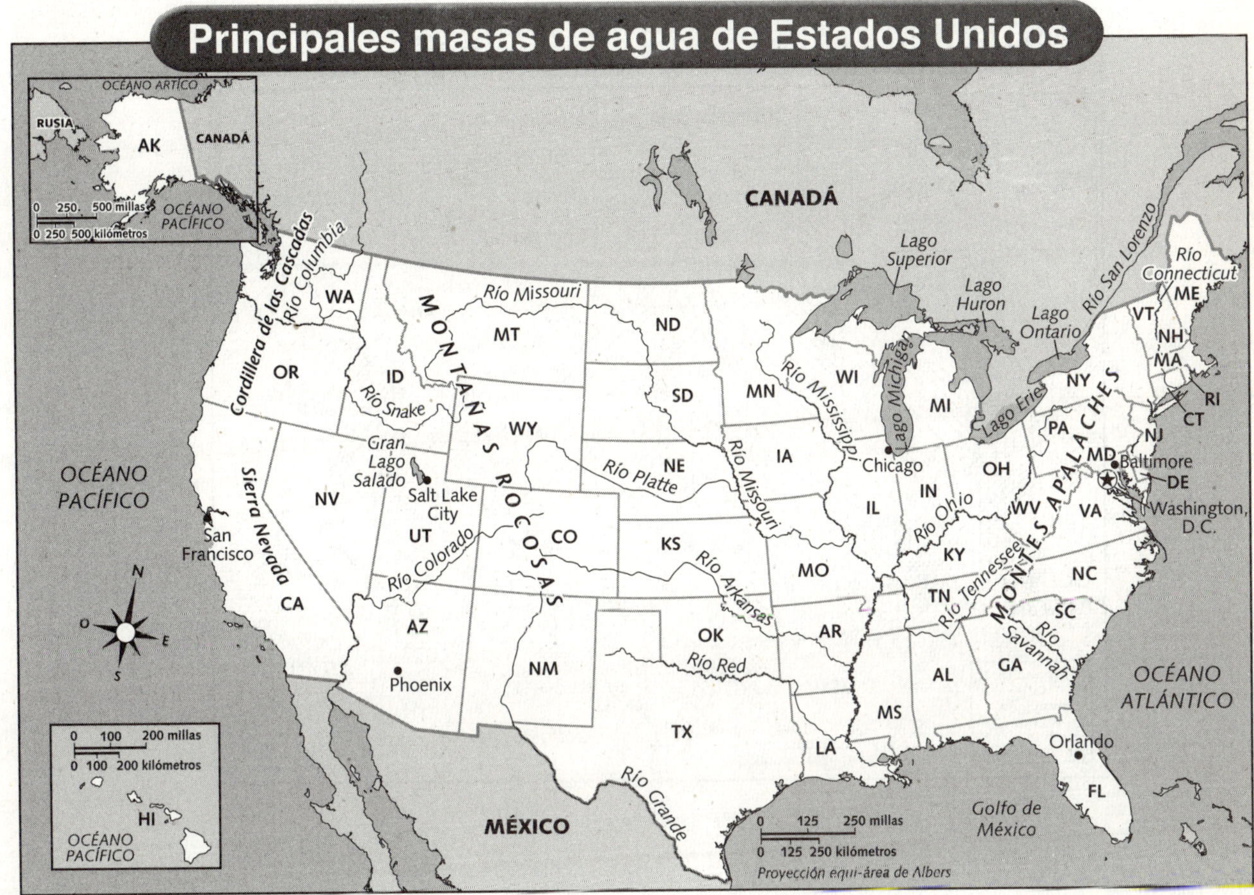

❶ Menciona los cinco Grandes Lagos. ______________________

____

❷ Menciona los cinco estados que limitan con el Golfo de México. ______________

____

❸ Menciona tres afluentes del río Mississippi. ______________________

____

❹ Menciona los cuatro estados que atraviesa el río Arkansas. ______________

____

Nombre ______________________ Fecha ______________

Clima y vegetación

INSTRUCCIONES **Usa el mapa para responder las preguntas.**

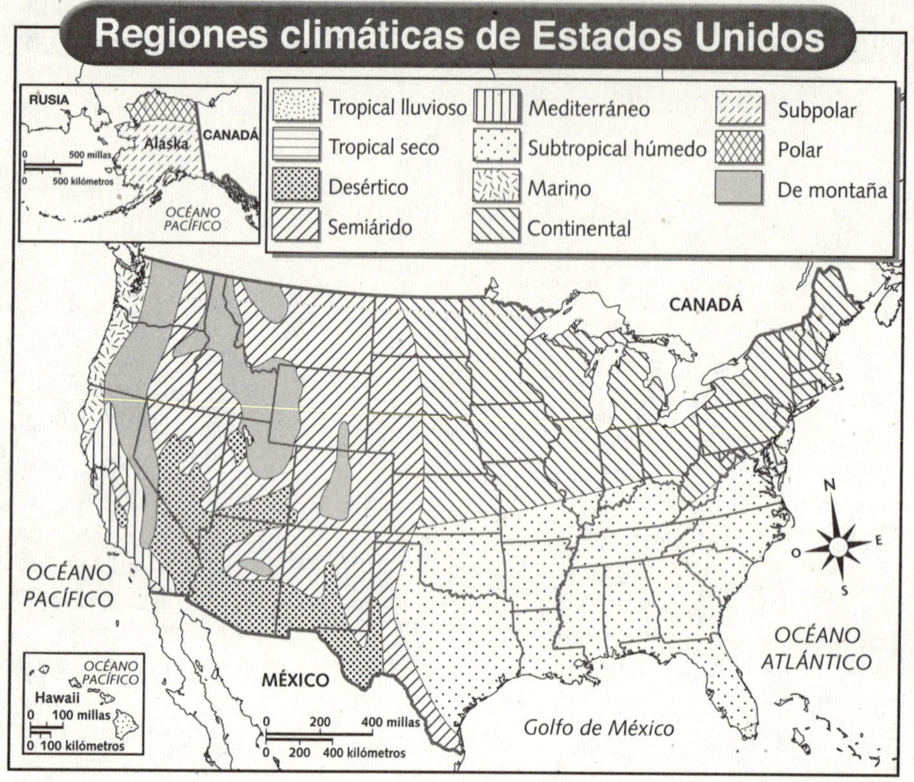

❶ ¿Qué dos regiones climáticas tiene Alaska? ______________________

❷ ¿Qué parte de Estados Unidos tiene clima principalmente desértico y semiárido?

____

❸ En la parte sureste de Estados Unidos el clima es principalmente

______________________.

❹ El clima mediterráneo se registra en partes de ______________________.

❺ El clima de casi toda la región del Medio Oeste de Estados Unidos es parecido al de la región del ______________________.

Usar después de leer el Capítulo 1, Lección 4, págs. 36–39.

Nombre ______________________________ Fecha ________________

Las personas y el ambiente

INSTRUCCIONES Completa cada oración con el término del recuadro que corresponda.

eficiencia	modifican	no renovable
renovable	transporte	

1. Las personas a menudo necesitan vivir cerca de rutas de ____________________.

2. Un recurso que las personas o la naturaleza pueden volver a generar es ____________________.

3. Un recurso que las personas o la naturaleza no pueden volver a generar es ____________________.

4. Las personas ____________________ la tierra para poder vivir en ella y satisfacer sus necesidades.

5. Muchos de los automóviles que se usan hoy tienen mayor ____________________ energética que los que se fabricaban hace algunos años.

INSTRUCCIONES Escribe el nombre de cada recurso del recuadro en la columna que corresponde. Luego, agrega otro recurso renovable y otro recurso no renovable.

viento	carbón	árboles	petróleo

Recursos renovables	Recursos no renovables

(sigue)

Nombre ______________________ Fecha ______________

INSTRUCCIONES **Completa cada oración con el término del recuadro que corresponda.**

Llanura Costera	agua dulce	montañosas
recursos naturales	irrigación	

1. Muchos colonos buscaron sitios con tierras cultivables y ______________ para establecer sus comunidades.

2. Al principio no se construían asentamientos en regiones desérticas, de tundra o ______________.

3. La mayor parte de la agricultura de Estados Unidos se realiza en las tierras de la ______________, de las llanuras del Interior y de los valles del Oeste.

4. El hierro y el carbón son dos ejemplos de ______________.

5. La ______________ permite que los agricultores puedan sembrar en zonas que no reciben mucha lluvia.

 Usar después de leer el Capítulo 1, Lección 5, págs. 40–45.

Nombre ______________________ Fecha ______________

Destrezas: Leer líneas cronológicas

INSTRUCCIONES **Lee la línea cronológica de abajo. Luego, responde las preguntas.**

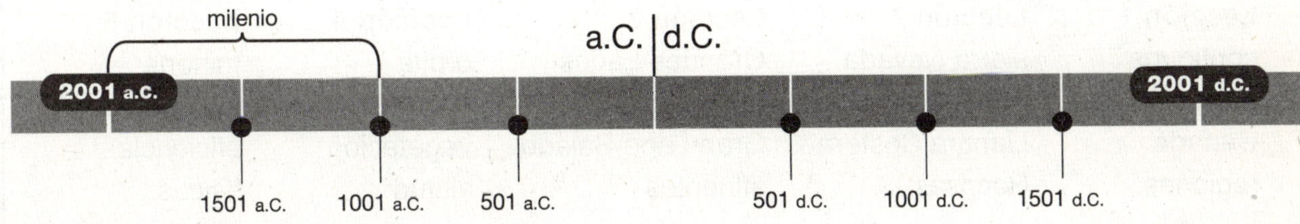

1. ¿A qué se refieren algunas personas cuando usan las siglas a.C.?

____

____

2. ¿A qué se refieren algunas personas cuando usan las siglas d.C.?

____

____

3. ¿Cuántos milenios se muestran en la línea cronológica? ______________

4. ¿Cuántos siglos se muestran en la línea cronológica? ______________

5. ¿Qué año es anterior, 1500 a.C. o 600 a.C.?

____

6. ¿Qué año es posterior, 700 a.C. o 900 d.C.? ______________

Nombre ______________________ Fecha ______________

Guía de estudio

INSTRUCCIONES Usa los términos del recuadro para completar la información que falta en estos párrafos acerca de la geografía de Estados Unidos.

Lección 1	Lección 2	Lección 3	Lección 4	Lección 5
contiguos	sierra Nevada	Grandes Lagos	órbita	minería
ubicación	Apalaches	ensenadas	ecuador	agricultura
Canadá	Llanura Costera	Gran Lago Salado	vegetación	eficiencia
regiones	Rocosas	afluentes	altitud	físicas

Lección 1 Estados Unidos es una nación formada por 50 estados. Cuarenta y ocho de ellos son ______________________, es decir, están uno junto al otro. Hawaii y Alaska están separados del resto de los estados. Los 50 estados se dividen en cinco grandes ______________________: el Oeste, el Suroeste, el Medio Oeste, el Sureste y el Noreste. Cada región se basa en su ______________________ relativa dentro de Estados Unidos. ______________________ está al norte de Estados Unidos. El vecino del sur de Estados Unidos es México.

Lección 2 Estados Unidos es un territorio con numerosos lugares diferentes. La ______________________ se extiende a lo largo de la costa del Atlántico desde Massachusetts hasta Florida. Desde Florida, se extiende hacia el oeste, pasa por Texas y se interna en México. Los boscosos montes ______________________ son las montañas más antiguas de Estados Unidos. Más hacia el oeste se encuentra la cadena montañosa más grande y más larga de nuestro país, las montañas ______________________. La ______________________ se encuentra en el interior de California.

(sigue)

Nombre ______________________________ Fecha ______________

Lección 3 La forma de Estados Unidos está definida, en parte, por las ______________ que hay a lo largo de las costas del Atlántico y el Pacífico. Son masas de agua provenientes de una masa de agua mayor, que se internan en la tierra. Los lagos más grandes de América del Norte son los ______________. Otro lago de gran tamaño es el ______________, que es tan salado como cualquier océano. Un río y sus ______________ forman un sistema fluvial.

Lección 4 El clima de un lugar depende, en parte, de a qué distancia está del ______________. Los lugares más cercanos al ecuador tienden a ser más calurosos que los lugares más alejados. La ______________ y la distancia desde las grandes masas de agua también influyen en el clima. La ______________ de la Tierra alrededor del Sol provoca cambios en las estaciones del año. La ______________ de Estados Unidos varía de acuerdo con la temperatura y las precipitaciones.

Lección 5 Hoy en día, Estados Unidos tiene casi 300 millones de habitantes. Las características ______________, como el clima, el agua y los accidentes geográficos, pueden determinar dónde se asientan las personas. Aproximadamente la mitad de la tierra de Estados Unidos se usa para la ______________. Gran parte de la ______________ se lleva a cabo en las regiones montañosas. Los estadounidenses usan herramientas para modificar la tierra con el fin de obtener y usar recursos naturales. Pero, hoy en día, muchas personas comprenden que es necesario usar los recursos naturales con prudencia, es decir, con ______________, para evitar que se agoten.

Nombre ______________________ Fecha ______________

Resume el capítulo

COMPARAR Y CONTRASTAR

INSTRUCCIONES Completa este organizador gráfico para mostrar que puedes comparar y contrastar las regiones geográficas de Estados Unidos.

Tema 1		Tema 2
Nombre de la región	**Semejanzas**	Nombre de la región
	______________ ______________ ______________ ______________	

Tema 1		Tema 2
Nombre de la región	**Diferencias**	Nombre de la región
	______________ ______________ ______________ ______________ ______________ ______________	

 Usar después de leer el Capítulo 1, págs. 14–49.

Nombre ______________________ Fecha ______________

Los primeros habitantes

INSTRUCCIONES Usa los términos del recuadro para completar los espacios en blanco de las oraciones de abajo.

clase	antepasados	civilización	migración	teoría

1. Los primeros habitantes de América del Norte, que vivieron hace muchos miles de años, son los ______________________, o antiguos familiares, de los actuales indígenas.

2. Una ______________________ es una idea basada en estudios e investigaciones.

3. Muchos científicos creen que, hace aproximadamente 12,000 años, grupos de cazadores y sus familias emprendieron una ______________________ a través de un puente de tierra desde Asia hasta América del Norte.

4. Una ______________________ es un grupo de personas que ha desarrollado modos de vida, de religión y de educación.

5. Los líderes religiosos formaban la ______________________ más alta de la sociedad maya.

Nombre ______________________________ Fecha ________________

Destrezas: Usar un mapa cultural

INSTRUCCIONES **Usa el mapa para responder las preguntas de la página 15.**

Antiguas culturas del Suroeste

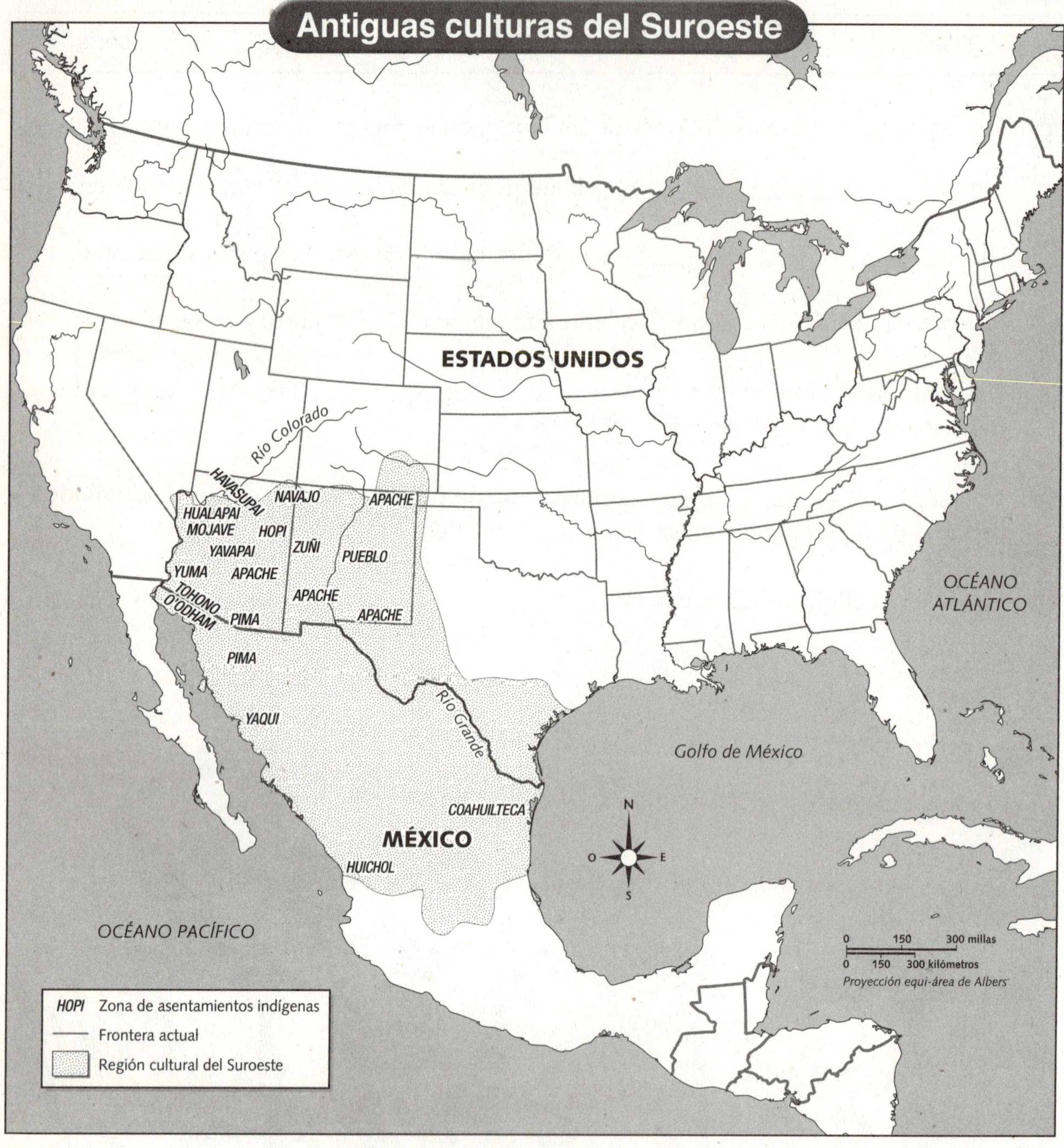

(sigue)

 Usar después de leer el Capítulo 2, Lección de destreza, págs. 60–61.

Nombre ______________________ Fecha ______________

1. ¿Qué pueblos vivían en lo que hoy es México?

____

2. ¿Qué pueblos vivían más cerca del río Colorado? ______________________

____

3. ¿Qué pueblos vivían a lo largo de una costa?

____

4. ¿Qué pueblos vivían más al este?

____

5. ¿Qué pueblo vivía más al sur?

____

6. ¿Qué río atraviesa las tierras apaches?

____

7. ¿Qué pueblo tenía los asentamientos más extendidos?

____

8. ¿Por qué crees que los navajos aprendieron ciertas costumbres de los hopi y no de los pimas?

____

____

9. ¿Qué pueblos vivían más cerca de la desembocadura del río Colorado?

____

10. ¿Qué pueblos vivían en partes de lo que hoy es México y Estados Unidos?

____

Nombre ______________________ Fecha ____________

Los Bosques Orientales

INSTRUCCIONES Lee el pasaje. Luego, responde las preguntas.

A fines del siglo XVI, las tribus iroquesas frecuentemente peleaban entre sí. A menudo, esas batallas surgían por el dominio de las zonas de caza. Una historia cuenta que un iroqués llamado Deganawida habló con un líder mohawk llamado Hiawatha y lo convenció para que lo ayudara a difundir el siguiente mensaje: "Todos deben aceptar la Gran Ley y trabajar en conjunto por el bienestar de los hombres."

El resultado de su esfuerzo fue una confederación llamada la Liga Iroquesa. La liga estaba formada por las Cinco Naciones: los seneca, los cayuga, los onondaga, los oneida y los mohawk. Años más tarde, una sexta nación, los tuscarora, se unió a la Liga.

Cada una de las naciones de la liga se gobernaba a sí misma y los temas generalmente se resolvían a través de una votación. Los asuntos importantes que afectaban a todas las naciones de la liga, como una guerra, se discutían en un Gran Consejo formado por 50 jefes de todas las naciones.

1. ¿Quién era Deganawida?

____

____

2. ¿Por qué pensaba Deganawida que era importante dejar de pelear?

____

____

3. ¿Qué tribus pertenecían a la Liga Iroquesa?

____

____

4. ¿Qué grupo tomaba las decisiones que afectaban a todas las naciones de la Liga?

____

5. ¿Qué crees que Deganawida quiso decir cuando afirmó que "Todos deben aceptar la Gran Ley y trabajar en conjunto por el bienestar de los hombres."?

____

Nombre ______________________ Fecha ____________

Las Llanuras

INSTRUCCIONES **Lee los rótulos que están arriba de cada recuadro. Haz un dibujo de cada elemento.**

Casa comunal	*Tipi*

Travois	Tepe

INSTRUCCIONES **Elige uno de los elementos que dibujaste. Escribe una o dos oraciones que describan cómo se hacía o usaba ese elemento.**

____

____

____

Nombre ______________________ Fecha ______________

El Suroeste y el Oeste

INSTRUCCIONES Escribe los términos del recuadro en el espacio en blanco que corresponde para completar las oraciones de abajo.

adaptarse	bisontes	redes comerciales	dieta básica	excedente

1. Los indígenas debían ______________________, es decir, acomodar sus modos de vida al territorio.

2. El maíz, los frijoles y la calabaza eran la ______________________ de los pueblo.

3. Los pueblo hallaron formas de juntar agua y de almacenar el ______________________ de los alimentos que cosechaban.

4. Los shoshones pasaban parte del año cazando ______________________ en las montañas.

5. Algunos indígenas formaban ______________________ para obtener bienes que no podían producir o recolectar ellos mismos.

(sigue)

Usar después de leer el Capítulo 4, págs. 76–80.

Nombre ____________________ Fecha ____________

El Noroeste y el Ártico

INSTRUCCIONES Lee cada pregunta y elige la respuesta correcta. Luego, rellena el círculo de la respuesta que has elegido. Asegúrate de llenar el círculo por completo.

1. ¿Qué objetos NO hacían con madera los habitantes de la Costa Noroeste?
   - (A) platos
   - (B) cucharas
   - (C) vasijas de cerámica
   - (D) utensilios

2. ¿Qué afirmación acerca de los tótems NO es verdadera?
   - (A) Eran de madera.
   - (B) Mostraban personajes que se usaban para contar historias.
   - (C) Se usaban para dar la bienvenida a los visitantes.
   - (D) Eran hechos solo por las mujeres.

3. ¿Cómo obtenían gran parte de su alimento los inuit y los aleutianos?
   - (A) cazando
   - (B) cultivando la tierra
   - (C) comerciando
   - (D) recolectando

4. ¿Qué material usaban los inuit y los aleutianos para hacer la mayoría de sus herramientas?
   - (A) hierro
   - (B) huesos
   - (C) madera
   - (D) piedras

5. ¿Qué usaban los inuit para construir iglúes?
   - (A) piedras
   - (B) madera
   - (C) adobe
   - (D) hielo

Capítulo 2

Nombre ______________________ Fecha ______________

Guía de estudio

INSTRUCCIONES Usa los términos del recuadro para completar la información que falta en los siguientes párrafos acerca de los indígenas.

Lección 1	Lección 2	Lección 3	Lección 4	Lección 5
cazar	confederación	consejo	redes comerciales	trueques
teoría	iroqueses	*tipis*	dieta básica	clan
antepasados	algonquinos	tepe	excedente	iglúes

Lección 1 Los primeros habitantes de América del Norte son los ______________ de los actuales indígenas. De acuerdo con una ______________, esas personas cruzaron Beringia para llegar a América del Norte desde Asia. Otra teoría sugiere que los pobladores primitivos podrían haber llegado a las Américas en embarcaciones. Cuando llegaron, muchos grupos comenzaron a ______________ animales de gran tamaño. Aproximadamente en 3000 a.C., los indígenas comenzaron a plantar semillas y cultivar la tierra.

Lección 2 Los ______________ vivían cerca de los Grandes Lagos, en lo que hoy es Pennsylvania, New York y la región del lago Ontario, en Canadá. Cultivaban la tierra y vivían en aldeas. En el siglo XVI, formaron una ______________ para solucionar sus disputas. Los ______________ vivían en la Llanura Costera. Por la abundancia de peces, las tribus que vivían cerca de la costa no dependían mucho de sus cultivos para obtener alimentos.

(sigue)

Usar después de leer el Capítulo 2, págs. 52–91.

Nombre ______________________________ Fecha ______________

Lección 3 Todos los pueblos de las llanuras cazaban bisontes, pero tenían modos de vida diferentes. Algunos indígenas construían casas comunales cubiertas con ____________________. Otros grupos usaban la piel del bisonte para construir tiendas llamadas ____________________. Entre los lakota, cada grupo tomaba sus propias decisiones. Los líderes cheyenes se reunían en un ____________________ para tomar decisiones que todos los grupos cheyenes debían obedecer. El bisonte era la principal fuente de alimento de todos los grupos indígenas que vivían en las Llanuras.

Lección 4 Los habitantes del Suroeste y el Oeste debían adaptarse a su ambiente. Los indígenas del Suroeste cultivaban los alimentos de su ____________________, compuesta por maíz, frijoles y calabaza. Como vivían en un ambiente seco, debían juntar agua y almacenar el ____________________ de alimento. Los indígenas del Oeste dependían de los ríos y del océano para obtener su alimento. Otros indígenas formaban ____________________ para satisfacer sus necesidades.

Lección 5 En el Noroeste, los miembros de un ____________________ habitaban la misma vivienda comunal. Para satisfacer sus necesidades, los clanes hacían ____________________, o intercambio de bienes, en los centros de comercio, como The Dalles. En el Ártico, los indígenas vivían en casas de hielo, llamadas ____________________. Cazaban ballenas y focas para alimentarse y hacer vestimentas. Como los recursos eran limitados, los pueblos del Ártico aprovechaban los animales que cazaban para hacer muchos cosas, incluso herramientas.

Nombre ______________________ Fecha ______________

Resume el capítulo

COMPARAR Y CONTRASTAR

INSTRUCCIONES **Completa este organizador gráfico para mostrar que puedes comparar y contrastar los grupos indígenas que vivian en diferentes regiones de América del Norte.**

Tema 1

Algunos grupos dependían más de la caza para alimentarse.

Semejanzas

____

____

____

____

____

____

Tema 2

Algunos grupos dependían más de la agricultura para alimentarse.

Tema 1

Iroqueses

____

____

____

____

____

____

____

Semejanzas

Ambos grupos eran cazadores y recolectores; ambos usaban recursos para hacer herramientas.

Tema 2

Algonquinos

____

____

____

____

____

____

____

Nombre ______________________ Fecha ______________

Exploración y tecnología

INSTRUCCIONES Completa los espacios en blanco de esta carta de Cristóbal Colón a la reina Isabel. Usa los términos del recuadro.

tecnología
expedición
beneficios
imperio
costos

Estimada reina Isabel:

Gracias por acceder a financiar mi ______________. Con una brújula y un astrolabio perfeccionados, estoy seguro de contar con la ______________ necesaria para llegar a Asia. Como usted sabe, los ______________ del viaje son altos. Pero le aseguro que los ______________ también serán muy altos. Su ______________ obtendrá grandes riquezas y vastos territorios.

Su servidor,

Cristóbal Colón

Nombre ____________________ Fecha ____________

Un mundo cambiante

INSTRUCCIONES Lee las siguientes afirmaciones acerca de los objetivos, los obstáculos y los logros de los exploradores del recuadro. En el espacio en blanco, escribe el nombre del explorador que más probablemente podría haber hecho cada afirmación.

Balboa	Caboto	Magallanes	Vespucio

1. "Navegué hasta un lugar ubicado un poco más al sur de donde Colón había desembarcado, pero los lugares que vi no se ajustaban a las descripciones de Asia que había hecho Marco Polo." ____________
2. "Conduje la primera expedición europea en llegar al océano Pacífico." ____________
3. "Nos llevó más de tres meses cruzar el océano Pacífico y muchos hombres de mi tripulación murieron de hambre y enfermedades." ____________
4. "El rey de Inglaterra me contrató para conducir una expedición a las Indias con el objetivo de ayudar a Inglaterra a competir por tierras y riquezas." ____________
5. "Mi objetivo es conducir la primera expedición en completar un viaje alrededor del mundo." ____________
6. "Un cartógrafo alemán nombró un continente en mi honor." ____________
7. "Ayudé a fundar un asentamiento en lo que hoy es Panamá." ____________
8. "Conduje la primera expedición que llegó a Asia navegando hacia el oeste a través del océano Pacífico." ____________
9. "Cuando llegué a lo que pensé que era China, contemplé el lugar que años después mi hijo describiría como 'una tierra desierta [solitaria].'" ____________
10. "Pensé que tal vez la Tierra era más grande de lo que la mayoría de la gente suponía." ____________

Nombre ______________________ Fecha ______________

Exploraciones de los españoles

INSTRUCCIONES Observa el mapa. Luego, responde las preguntas sobre las rutas de los exploradores españoles y las distancias que recorrieron.

1. ¿Qué conquistador recorrió la mayor distancia por tierra? ______________

2. ¿Qué conquistador cruzó el río Mississippi? ______________

3. ¿Qué conquistadores llegaron al río Arkansas? ______________

4. ¿Qué conquistador llegó más al norte? ______________

5. ¿Qué conquistadores recorrieron lo que hoy es México? ______________

6. ¿Qué conquistador comenzó su exploración en Puerto Rico?

____

Nombre ____________________ Fecha ____________

Destrezas: Usar un mapa de altitud

INSTRUCCIONES **Agrega detalles al mapa de acuerdo con la descripción de cada punto.**

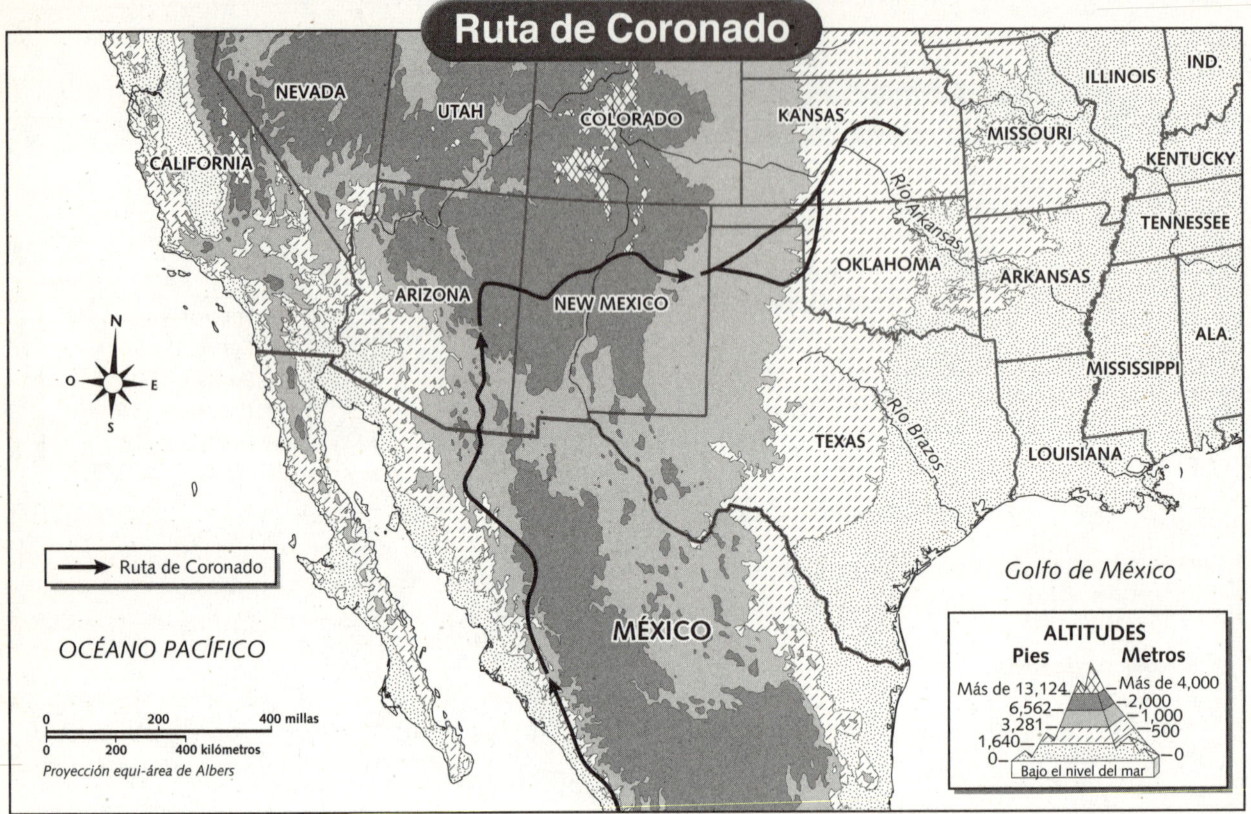

❶ Escribe una *A* en la parte del mapa que muestra la máxima altitud de la región.

____

____

❷ Escribe una *B* en la parte del mapa que muestra la mínima altitud de la región.

____

____

(sigue)

Usar después de leer el Capítulo 3, Lección de destreza, págs. 134–135.

Nombre ______________________ Fecha ______________

INSTRUCCIONES **Usa el mapa de la página 26 para responder las preguntas.**

3. ¿Cuál es el rango de altitud, en pies, del terreno a lo largo del río Brazos?

____

4. ¿Cuál es el mayor rango de altitud, en pies, del terreno a lo largo de la ruta de Coronado?

____

5. ¿Cuál era el rango de altitud, en pies, de la ruta que atravesaba México?

____

6. Si Coronado hubiera viajado 150 millas hacia el oeste desde lo que hoy es Arizona en lugar de viajar hacia el oeste rumbo a New Mexico, ¿cómo habría cambiado la altitud del terreno?

____

7. ¿Cómo describirías la altitud del terreno al comienzo del viaje de Coronado por América del Norte?

____

8. ¿Cómo describirías la altitud del terreno en la última parte de su viaje?

____

9. ¿Qué tipo de accidente geográfico esperarías encontrar en las máximas altitudes al norte de la ruta de Coronado?

____

10. Escribe una oración que describa el terreno que atraviesa el río Arkansas.

____

____

Nombre ______________________ Fecha ______________

Otras naciones exploran

INSTRUCCIONES Imagina que eres Giovanni da Verrazano y te está entrevistando un periodista. Escribe las respuestas a las preguntas que te formula.

1. Sr. Verrazano, ¿cuál era el objetivo de sus viajes al oeste?

2. ¿Quién lo envió a buscar el Pasaje del Noroeste?

3. ¿Cuál fue el mayor obstáculo que enfrentó?

4. No pudo cumplir su objetivo, ¿pero qué logró?

5. ¿Cómo eran esas tribus?

Usar después de leer el Capítulo 3, Lección 4, págs. 136–141.

Nombre ______________________ Fecha ______________

Guía de estudio

INSTRUCCIONES Completa los siguientes párrafos acerca de la exploración europea de las Américas. Usa los términos y nombres del recuadro para ayudarte a completar el párrafo de cada lección.

Lección 1	**Lección 2**	**Lección 3**	**Lección 4**
tecnología	istmo	misioneros	río San Lorenzo
beneficios	Fernando de Magallanes	subvenciones	amotinaron
navegación	Américo Vespucio	conquistadores	Pasaje del Noroeste
expedición	Terranova		
empresario			

Lección 1 En el siglo XV comenzó en Europa una nueva era de conocimientos, ciencias y artes, llamada Renacimiento. Los europeos leían acerca de las riquezas de Asia, pero no tenían el conocimiento ni los instrumentos para llegar a Asia por mar. Para resolver esos problemas, el príncipe Enrique de Portugal abrió una escuela de ____________________. En la escuela se desarrollaron nuevos tipos de ____________________, como brújulas y astrolabios perfeccionados.

Cristóbal Colón condujo una ____________________ con el objetivo de llegar a Asia navegando hacia el oeste. Al igual que otros exploradores, Colón era un ____________________. Convenció a la reina Isabel de que financiara su viaje y, a cambio, le prometió muchos ____________________, por ejemplo, las riquezas de Asia.

(sigue)

Nombre ______________________________ Fecha ______________

Lección 2 Otros exploradores atravesaron el Atlántico siguiendo los pasos de Colón. Juan Caboto navegó hacia el oeste y llegó a lo que hoy es ______________________. Caboto pensó que había llegado a Asia. Sin embargo, ______________________ pensaba que Caboto estaba equivocado. Comprendió que Caboto y otros exploradores habían llegado a un continente que los europeos aún no conocían. Vasco Núñez de Balboa fue quien halló la clave para llegar a Asia. Cruzó un ______________________ y vio el océano Pacífico. ______________________ y sus marineros fueron los primeros europeos en navegar alrededor del mundo.

Lección 3 El rey de España alentaba a los exploradores para que buscaran riquezas en sus posesiones de tierras. España ofrecía ______________ a quienes comandaran expediciones a las Américas. Los exploradores y soldados españoles que emprendieron el viaje se conocieron con el nombre de ______________. La Iglesia Católica también quería ampliar su poder en las Américas. Para lograrlo, envió ______________ con el fin de convertir a los indígenas a la religión católica.

Lección 4 Otros exploradores conservaban la esperanza de hallar otra ruta marítima a Asia. Esa ruta se conoció como el ______________________. Jacques Cartier navegó río arriba por el ______________________, creyendo que esa ruta lo conduciría a Asia. Henry Hudson exploró otros ríos y bahías con el mismo objetivo. Hudson fracasó, sus tripulantes se ______________________ y lo abandonaron a la deriva.

Nombre ______________________ Fecha ______________

Resume el capítulo

IDEA PRINCIPAL Y DETALLES

INSTRUCCIONES **Completa este organizador gráfico para mostrar que comprendes la idea principal y algunos detalles secundarios acerca de las exploraciones que los europeos llevaron a cabo en las Américas.**

Idea principal

Los europeos exploraron y tomaron posesión de tierras en las Américas.

Detalles

Nombre ______________________ Fecha ______________

Las colonias españolas

INSTRUCCIONES Lee los párrafos. Luego, responde las preguntas.

Santa Fé, Nuevo México

En 1598, Juan de Oñate condujo un numeroso grupo de personas desde México hacia el norte, hasta lo que se convertiría en la colonia española de Nuevo México. El mismo año, Oñate estableció el cuartel general de la colonia en el pueblo de San Juan. Ese asentamiento agregó aproximadamente 600 millas a El Camino Real.

Alrededor de 1610, Pedro de Peralta lideró la construcción de una ciudad en lo alto de una meseta, donde el clima era más fresco que en el desierto que la rodeaba. La ciudad recibió el nombre de Santa Fé. Fue el primer asentamiento europeo permanente en el oeste de América del Norte. Más tarde, llegaron a Santa Fé nuevos colonos y misioneros. Santa Fé se convirtió en la capital de la colonia de Nuevo México.

1. ¿Quién condujo al primer grupo de personas hacia Nuevo México?

   ____

2. ¿Qué ciudad se convirtió en la capital de la colonia de Nuevo México?

   ____

3. ¿Aproximadamente cuántas millas agregó Oñate a El Camino Real?

   ____

4. ¿Por qué los colonos construyeron su ciudad en lo alto de una meseta?

   ____

5. ¿Cuándo se estableció el primer asentamiento europeo permanente en el oeste de América del Norte? ______________________

Usar después de leer el Capítulo 4, págs. 146–150.

Nombre ______________________________ Fecha ____________

La colonia de Virginia

INSTRUCCIONES **Completa el organizador para mostrar datos importantes acerca de los colonos que fundaron Jamestown.**

La fundación de Jamestown

Quiénes	Qué	Cuándo	Dónde	Por qué

INSTRUCCIONES **En el espacio en blanco, escribe un dato que indique por qué cada persona fue importante para la subsistencia de los colonos de Jamestown.**

Rey James I

____

____

John Smith

____

____

Pocahontas

____

____

(sigue)

Nombre ______________________ Fecha ______________

INSTRUCCIONES **Usa el organizador que completaste como ayuda para escribir una narración acerca de la vida en Jamestown durante sus primeros años. Tu narración puede incluir datos que no están en el organizador gráfico.**

John Smith

Pocahontas

Usar después de leer el Capítulo 4, Lección 2, págs. 152–156.

Nombre ______________________ Fecha ______________

La colonia de Plymouth

INSTRUCCIONES El Pacto del Mayflower se redactó en 1620 en inglés antiguo, que es muy diferente del inglés que se habla en la actualidad. Abajo se muestra una versión traducida el español actual. Úsala para responder las preguntas.

El Pacto del Mayflower

En el nombre de Dios, amén. Nosotros, los leales súbditos del rey James y el pueblo de Dios, hemos emprendido un viaje para asentarnos en la primera colonia de la parte norte de Virginia. Nosotros, las personas que firmamos abajo, hemos acordado, ante Dios y unos con otros, establecer nuestro propio gobierno de leyes justas e imparciales. Esas leyes serán decididas por el gobierno por mayoría de este grupo. Estas leyes están hechas para el bien de las personas de la colonia así como para la colonia misma. Prometemos obedecer las leyes que hemos decretado. Firmamos con nuestros nombres abajo, en cabo Cod, el 11 de noviembre de 1620.

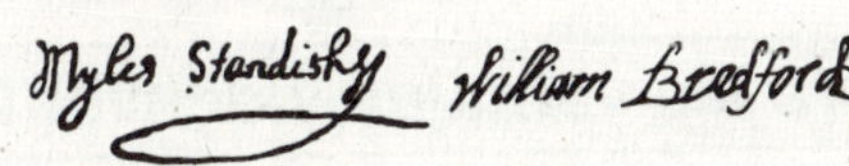

1. ¿Quién es el gobernante inglés mencionado en el Pacto del Mayflower?

____

2. ¿Dónde creían los pasajeros del Mayflower que iban a asentarse?

____

3. ¿Cómo se decidirían las leyes, según aseguraron los redactores del Pacto del Mayflower?

____

4. ¿Qué prometían los pasajeros?

____

5. ¿Dónde y cuándo se firmó el Pacto del Mayflower?

____

Nombre ______________________ Fecha ______________

Destrezas: Resolver un problema

INSTRUCCIONES **Imagina que, después de un largo viaje a bordo del *Mayflower*, finalmente llegas a tierra firme. Al desembarcar en la costa, comprendes que no estás en Virginia. Te preguntas qué harán los peregrinos para mantener el orden en un territorio sin gobierno. Sigue los pasos de abajo para resolver el problema.**

Paso 1: Identifica el problema.

No hay un gobierno que se encargue de hacer leyes o mantener el orden.

Paso 2: Reúne información.

____

____

____

Paso 3: Haz una lista de posibles soluciones.

Podemos seguir practicando el modo de vida de los holandeses o podemos fundar nuestro propio gobierno.

Paso 4: Considera las ventajas y desventajas de cada solución.

____

____

Paso 5: Elige la mejor solución.

____

Paso 6: Intenta poner en práctica tu solución.

Imagina que aplicas la solución que elegiste. Piensa qué podría ocurrir y cuáles serían los resultados.

Paso 7: Reflexiona acerca de cómo funcionó tu solución para resolver el problema.

____

____

Usar después de leer el Capítulo 4, Lección de destreza, págs. 164–165.

Nombre ______________________ Fecha ______________

Los franceses y los holandeses

INSTRUCCIONES Lee cada pregunta y elige la respuesta correcta. Luego, rellena el círculo de la respuesta que has elegido.

1. ¿Por qué los comerciantes franceses ayudaron a establecer asentamientos en América del Norte?

   Ⓐ Querían el oro de los indígenas.
   Ⓑ Querían enriquecerse por medio del intercambio de pieles.
   Ⓒ Querían controlar la ruta a Asia.
   Ⓓ Querían expulsar a los españoles de sus tierras.

2. ¿Cuál era el objetivo de los colonos holandeses que llegaron a América del Norte?

   Ⓐ obtener ganancias con la venta de pieles a Europa
   Ⓑ hallar buenas tierras de cultivo
   Ⓒ escapar de la guerra que había en Europa
   Ⓓ practicar su religión

3. ¿Qué impidió que Marquette y Joliet llegaran a la desembocadura del río Mississippi?

   Ⓐ Se perdieron.
   Ⓑ Se les acabó la comida.
   Ⓒ Fueron atacados por indígenas.
   Ⓓ Temieron encontrar soldados españoles.

4. ¿Quién fue el primer explorador francés en llegar a la desembocadura del río Mississippi?

   Ⓐ Jacques Cartier
   Ⓑ Samuel de Champlain
   Ⓒ Sieur de la Salle
   Ⓓ Pierre Le Moyne

5. ¿Qué problema enfrentaron los primeros colonos franceses?

   Ⓐ La región de Louisiana no atrajo muchos colonos.
   Ⓑ Los indígenas se negaron a comerciar con ellos.
   Ⓒ Los soldados españoles atacaron los fuertes franceses.
   Ⓓ Las colonias crecieron rápidamente y no quedaban buenas tierras.

Usar después de leer el Capítulo 4, Lección 4, págs. 166–173.

Capítulo 4

Nombre ______________________________ Fecha ____________________

Guía de estudio

INSTRUCCIONES Completa la información que falta en estos párrafos acerca de las primeras colonias. Usa los términos y nombres del recuadro para completar los párrafos de cada lección.

Lección 1	**Lección 2**	**Lección 3**	**Lección 4**
haciendas	materias primas	Samoset	New Orleans
plantaciones	cultivo comercial	Tisquantum	Quebec
misiones	colonia real	William Bradford	Nueva Amsterdam
zonas fronterizas	legislatura		

Lección 1 Algunos de los primeros colonos españoles esperaban encontrar oro. Otros establecieron grandes granjas. Pero no había suficientes trabajadores para hacer todas las tareas propias de una granja grande. Como necesitaban trabajadores, algunos colonos españoles esclavizaron a los indígenas y los obligaron a trabajar en las ____________________.

Los soldados españoles construyeron fuertes para proteger las tierras situadas en los límites de Nueva España. Los rancheros construyeron enormes fincas, llamadas ____________________, en las zonas alejadas. España no quería que otros países tomaran el control de esas ____________________. Los españoles también construyeron ____________________, donde los sacerdotes españoles esperaban convertir a los indígenas a la religión católica.

(sigue)

Usar después de leer el Capítulo 4, págs. 146–175.

Nombre ______________________ Fecha ______________

Lección 2 Inglaterra esperaba obtener beneficios de la madera y otras ______________ de la colonia de Virginia. Pronto los colonos comenzaron a cultivar tabaco, un ______________, para venderlo a Europa. Como su población creció mucho, la colonia necesitaba mantener el orden. La ______________ de Virginia fue la primera asamblea representativa en las colonias inglesas. A causa de las guerras con los powhatan, en 1624 el rey James I decidió convertir Virginia en una ______________.

Lección 3 Los peregrinos se establecieron en Massachusetts, donde tenían libertad religiosa. Uno de sus líderes fue ______________. Los peregrinos conocieron indígenas que los ayudaron mucho. Un indígena abenaki llamado ______________ les dio la bienvenida. Les presentó a un miembro de la tribu wampanoag llamado ______________, quien les enseñó dónde podían pescar y a plantar algunos cultivos. Plymouth prosperó pacíficamente durante un tiempo, hasta la llegada de nuevos colonos que no fueron amigables con los indígenas.

Lección 4 Samuel de Champlain fundó ______________, el primer asentamiento francés en América del Norte. Los asentamientos franceses se desarrollaron lentamente. Pasaron más de 100 años hasta la fundación de la ciudad de ______________, que se convirtió en la capital de Louisiana, la colonia francesa del sur.

Los holandeses y los franceses comenzaron a competir por el control del comercio de pieles. La primera colonia holandesa fue Nueva Holanda, y su principal centro de comercio era ______________.

Nombre ______________________ Fecha ____________

Resume el capítulo

IDEA PRINCIPAL Y DETALLES

INSTRUCCIONES Completa este organizador gráfico para mostrar que comprendes la idea principal y algunos detalles secundarios acerca de las primeras colonias europeas en América del Norte.

Idea principal

Los europeos establecieron colonias en América del Norte.

Detalles

Usar después de leer el Capítulo 4, págs. 146–175.

Nombre ______________________ Fecha ______________

Las colonias de Nueva Inglaterra

INSTRUCCIONES Lee las afirmaciones de abajo. En el espacio en blanco, escribe el nombre de la persona que se describe. Puedes usar algunos nombres más de una vez.

Anne Hutchinson	Roger Williams
Metacomet	John Winthrop

1. Esta persona era un líder indígena.

   ____

2. Esta persona era líder del grupo de puritanos que fundó Boston.

   ____

3. Esta persona creía que la iglesia puritana debía estar separada del gobierno de la colonia ______________________

4. Estas dos personas fundaron nuevos asentamientos, que se unieron para formar la colonia de Rhode Island. ______________________

5. Esta persona unió a muchas tribus indígenas para luchar contra los colonos.

   ____

6. Esta persona fue elegida gobernador de la colonia de Massachusetts.

   ____

7. Los ingleses llamaban rey Philip a esta persona.

   ____

(sigue)

Nombre ______________________ Fecha ______________

INSTRUCCIONES **Usa las palabras del recuadro para completar las oraciones.**

votar	asistir	apacentar
caza	trabajar	

1. Los puritanos recibían un castigo por no

   ______________ a la iglesia los domingos.

2. Los puritanos se alentaban mutuamente a

   ______________ mucho y ahorrar.

3. En las colonias de Nueva Inglaterra, las mujeres no

   tenían derecho a ______________.

4. En Nueva Inglaterra, los hombres adultos y los jóvenes dedicaban la mayor parte del tiempo a la

   agricultura y la ______________.

5. En el centro de Nueva Inglaterra había una zona compartida por todos los habitantes que se usaba para

   ______________ los animales.

Usar después de leer el Capítulo 5, Lección 1, págs. 178–184.

Nombre ______________________ Fecha ______________

Las colonias del centro

INSTRUCCIONES Lee cada oración. Si la oración es verdadera, escribe *V* en el espacio en blanco. Si la oración es falsa, escribe *F*.

_____ 1 El duque de York entregó el control de New York a John Berkeley y George Carteret.

_____ 2 William Penn fue un gobernador cruel e injusto.

_____ 3 En las colonias del centro podían vivir personas de diferentes religiones.

_____ 4 La ciudad de New York era la ciudad más grande de las colonias.

_____ 5 Benjamin Franklin vivió en Philadelphia y ayudó a mejorar la ciudad.

_____ 6 Los aprendices aprendían oficios con maestros artesanos.

(sigue)

Nombre ______________________ Fecha ______________

INSTRUCCIONES Lee cada pregunta y elige la respuesta correcta. Luego, rellena el círculo de la respuesta que has elegido.

1. ¿Cuál de los siguientes NO era uno de los principales cultivos de las colonias del centro?
   - Ⓐ maíz
   - Ⓑ centeno
   - Ⓒ tabaco
   - Ⓓ trigo

2. ¿Cuál de las siguientes opciones NO fue un factor importante para la economía de las colonias del centro?
   - Ⓐ granjas
   - Ⓑ comercio
   - Ⓒ ballenas
   - Ⓓ puertos

3. ¿Qué ocurría en las moliendas?
   - Ⓐ Los troncos se convertían en madera.
   - Ⓑ El hierro se convertía en herraduras.
   - Ⓒ El hilo se convertía en telas.
   - Ⓓ Los granos se convertían en harina.

4. ¿Qué nombre recibía un joven que estaba aprendiendo un oficio?
   - Ⓐ aprendiz
   - Ⓑ artesano
   - Ⓒ albañil
   - Ⓓ curtidor

5. ¿Qué trabajo podría haber desempeñado una mujer en las colonias del centro?
   - Ⓐ capitana de barco
   - Ⓑ abogada
   - Ⓒ médica
   - Ⓓ dueña de una tienda

Usar después de leer el Capítulo 5, Lección 2, págs. 186–191.

Nombre ______________________ Fecha ______________

Destrezas: Comparar fuentes primarias y secundarias

INSTRUCCIONES **Observa las fotografías de abajo. Usa la información para responder las preguntas acerca de fuentes primarias y secundarias.**

1. ¿Cómo sabes que la imagen del colono es una fuente secundaria?

____

____

2. ¿La cartilla es una fuente primaria o secundaria?

____

____

3. ¿Qué tienen en común las dos fuentes?

____

(sigue)

Nombre ______________________________ Fecha ______________

INSTRUCCIONES **Este dibujo moderno muestra cómo podría haber sido una granja en el siglo XVII. Úsalo para responder las preguntas.**

4 ¿El dibujo es un ejemplo de una fuente primaria o de una fuente secundaria? Explica tu respuesta.

____

____

____

5 Si un colono escribiera un cuento acerca de una granja como la que muestra el dibujo, ¿el cuento sería una fuente primaria o secundaria? Explica tu respuesta.

____

____

____

Usar después de leer el Capítulo 5, Lección de destreza, págs. 192–193.

Nombre ______________________ Fecha ______________

Las colonias del sur

INSTRUCCIONES Elige términos y oraciones del recuadro para completar esta tabla acerca de la fundación de tres colonias del sur.

como refugio para católicos	James Oglethorpe
acaudalada familia inglesa	para ayudar a los deudores
los "nobles propietarios"	separada en dos colonias

ASENTAMIENTOS EN EL SUR

Dónde	Quién	Por qué	Cuándo
Maryland	1 Fundadores: los Calvert, una ______ ______ Primer propietario: Cecilius Calvert	2 ______ ______	1633
Carolina	3 Fundadores: ______ ______ Primeros colonos: colonos ingleses, esclavos africanos	para cultivar la tierra	4 fundada en 1633; ______ ______ en 1712
Georgia	5 Fundador ______ ______ Primeros colonos: deudores ingleses	6 ______ ______	1733

(sigue)

Nombre ______________________________ Fecha ______________

INSTRUCCIONES **Usa la tabla que completaste en la página 47 para responder las preguntas.**

James Oglethorpe

1. ¿Qué colonia fue fundada para ayudar a los deudores?

   ____

2. ¿Qué ocurrió en Carolina en 1712?

   ____

3. ¿Quiénes eran los Calvert?

   ____

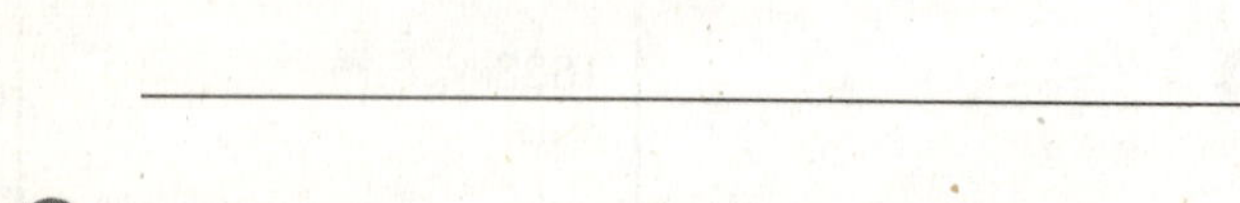

4. ¿Qué colonia fundaron los Calvert?

   ____

5. ¿Qué grupo buscó la libertad religiosa en Maryland?

   ____

6. ¿Quiénes eran los "nobles propietarios"?

   ____

7. ¿Cuál de las colonias se fundó en último lugar?

   ____

8. ¿Por qué los colonos fundaron Carolina?

   ____

9. ¿Quién fundó la colonia de Georgia? ¿Cuándo?

   ____

10. ¿En qué colonia había africanos entre los primeros colonos?

   ____

Usar después de leer el Capítulo 5, Lección 3, págs. 194–201.

Nombre ______________________ Fecha ______________

Guía de estudio

INSTRUCCIONES Completa la información que falta en estos párrafos acerca de las colonias inglesas. Usa los términos del recuadro para completar los párrafos de cada lección.

Lección 1	Lección 2	Lección 3
productos de importación	graneras	índigo
disenso	diversidad	deudores
industrias	inmigrantes	cultivo comercial
expulsaban	aprendices	refugio
productos de exportación	tolerancia religiosa	hacendados

Lección 1 Muchos líderes puritanos llevaban un estricto control y no permitían ningún ______________________, o desacuerdo. A menudo ______________________ a quienes no estaban de acuerdo con ellos. Los colonos de Nueva Inglaterra se alentaban mutuamente a trabajar mucho y ahorrar. Cultivaron la tierra y desarrollaron ______________________ como la construcción de barcos y la pesca. Gracias a su ubicación, las colonias de Nueva Inglaterra también comenzaron a liderar el comercio. Sin embargo, los ______________________ solo podían ser enviados a otras colonias inglesas o a Inglaterra. Los ______________________ venían de Inglaterra.

(sigue)

Nombre ______________________________ Fecha ______________

Lección 2 Las colonias del centro se poblaron con ______________________ de muchos países europeos. Un pastor describió a la población de las colonias del centro como un grupo de personas que el mundo había arrojado allí desde los lugares más diversos. Eso se conoce como ______________________. El Gran Despertar cambió las prácticas religiosas de muchas personas. Como resultado, creció la ______________________.

Las colonias del centro también tenían una economía diversa, que incluía el transporte de bienes y la agricultura. Como producían una gran cantidad de granos, las colonias del centro pasaron a ser conocidas como "las colonias ______________________". Además, muchos jóvenes se empleaban como ______________________ para aprender un oficio con un maestro artesano.

Lección 3 Las colonias del sur se fundaron por razones religiosas y económicas. Los colonos pronto advirtieron que la región era buena para la agricultura. La colonia de Maryland fue fundada por los Calvert, que querían crear un ______________________ para católicos. Pronto, el tabaco se convirtió en el ______________________ más importante de Maryland. Georgia se fundó originalmente para los ______________________, pero rápidamente crecieron las granjas. Como necesitaban más trabajadores, los líderes de Georgia decidieron permitir la esclavitud. En North Carolina, los granjeros cultivaban principalmente tabaco y maíz. El ______________________ también crecía bien en las colonias del sur. Los dueños de las grandes plantaciones, llamados ______________________, a menudo trabajaban con corredores para vender sus cosechas.

Usar después de leer el Capítulo 5, págs. 178–203.

Nombre ______________________ Fecha ____________

Resume el capítulo

IDEA PRINCIPAL Y DETALLES

INSTRUCCIONES **Completa este organizador gráfico para mostrar que comprendes una razón importante por la cual se poblaron las colonias inglesas.**

Idea principal

La religión fue una razón importante para fundar colonias.

Detalles

Nombre ______________________ Fecha ______________

La lucha por el control

INSTRUCCIONES Numera las oraciones para mostrar el orden correcto en que ocurrieron los acontecimientos.

Jefe Pontiac

1. ______ Para compensar las pérdidas españolas, Francia cedió a España la mayor parte de Louisiana.
2. ______ Los británicos tomaron el Fuerte Duquesne y varios otros fuertes franceses.
3. ______ La guerra franco-indígena terminó con la firma del Tratado de París, que daba a Gran Bretaña la mayor parte de Canadá, todas las tierras francesas al este del río Mississippi y la Florida española.
4. ______ El rey George III aprobó la Proclamación de 1763, que decía que todos los territorios al oeste de los montes Apalaches pertenecían a los indígenas.
5. ______ Los líderes coloniales se reunieron para decidir cómo enfrentar a las fuerzas francesas.
6. ______ La guerra franco-indígena comenzó con la batalla de Fuerte Necessity.
7. ______ Francia envió soldados al valle de Ohio para expulsar a los comerciantes británicos.
8. ______ El Parlamento aprobó la Ley del Azúcar con el propósito de recaudar dinero para pagar los gastos de la defensa de las colonias.
9. ______ El jefe Pontiac unificó a los grupos indígenas y capturó algunos fuertes británicos.
10. ______ Los líderes coloniales no aprobaron el Plan de Unión de Albany, de Benjamin Franklin.

Usar después de leer el Capítulo 6, Lección 1, páginas 222–227.

Nombre ______________________ Fecha ______________

Destrezas: Comparar mapas históricos

INSTRUCCIONES **Usa los mapas de abajo para responder las preguntas.**

1. ¿Qué país tenía el control de Louisiana en 1754?

____

2. ¿Qué países obtuvieron más territorios entre 1754 y 1763?

____

(sigue)

Nombre ______________________ Fecha ____________

3. ¿Qué país perdió todos sus territorios en América del Norte entre 1754 y 1763?

4. ¿Qué evento explica las diferencias entre los dos mapas?

5. ¿Qué dos regiones controlaba Gran Bretaña en 1754 y en 1763?

6. ¿Qué ocurrió con Louisiana entre 1754 y 1763?

7. ¿Qué dos países podrían haber tomado el control de los territorios que limitaban el área en disputa del Pacífico Noroeste en 1763?

8. ¿Para qué grupo reservó el rey George III el área del valle de Ohio?

9. ¿Qué área pasó del control español en 1754 al control británico en 1763?

10. ¿Algún territorio pasó del control británico al control español?

Nombre ______________________ Fecha ______________

Los colonos protestan

INSTRUCCIONES Lee las descripciones numeradas. En el espacio en blanco, escribe la letra de la persona, grupo o ley que corresponde.

1 ______	protestó en el Parlamento contra la ley de impuestos	**a.** Patrick Henry
2 ______	fijaba un impuesto sobre los periódicos en las colonias	**b.** Mercy Otis Warren
3 ______	los miembros de la Casa de Representantes lo acusaron de traición	**c.** Hijas de la Libertad
4 ______	una de las primeras colonas que alzó su voz contra de la Ley del Timbre	**d.** Crispus Attucks
5 ______	capturaron a varios recaudadores de impuestos británicos	**e.** Ley del Timbre
6 ______	hilaban y tejían para que los colonos no compraran ropa británica	**f.** Benjamin Franklin
7 ______	organizó el primer Comité de Correspondencia en Boston	**g.** Hijos de la Libertad
8 ______	fijaban impuestos sobre productos importados por las colonias	**h.** Samuel Adams
9 ______	murió en la Masacre de Boston	**i.** Paul Revere
10 ______	realizó un grabado de la Masacre de Boston	**j.** Leyes de Townshend

Benjamin Franklin

Nombre ______________________ Fecha ______________

Crecen los desacuerdos

INSTRUCCIONES Responde estas preguntas acerca del Primer Congreso Continental.

1. ¿Por qué recibió ese nombre el Primer Congreso Continental?

____

____

2. ¿Dónde se reunió el Primer Congreso Continental?

____

3. ¿Qué hizo el Primer Congreso Continental cuando se reunió?

____

4. En la petición enviada al rey, ¿qué derechos reclamaba el Primer Congreso Continental para los colonos?

____

____

5. ¿Qué fecha límite estableció el Primer Congreso Continental para que el Parlamento británico respondiera?

____

6. ¿De qué manera el Primer Congreso Continental aumentó las probabilidades de que estallara una guerra con Gran Bretaña?

____

____

____

Usar después de leer el Capítulo 6, Lección 3, págs. 238–243.

Nombre ______________________ Fecha ______________

El camino a la guerra

INSTRUCCIONES Completa las oraciones con la expresión del recuadro que corresponde. Escribe la expresión en el espacio en blanco.

Petición del Ramo de Olivo	moneda continental
ejército Continental	Bunker Hill
Segundo Congreso Continental	

1. El ______________________ se reunió como consecuencia de los enfrentamientos en Lexington y Concord.

2. A diferencia de las milicias,

   el ______________________ estaba formado por soldados de tiempo completo.

3. Para abastecer al ejército Continental, el Congreso imprimió

   ______________________.

4. La ______________________ pedía la paz al rey George III de Gran Bretaña.

5. Después de la batalla de ______________________, el rey prometió hacer todo lo posible para aplastar la rebelión.

Nombre ______________________________ Fecha ______________

Se declara la independencia

INSTRUCCIONES Lee las oraciones de abajo. Decide quién pudo haber hecho cada afirmación y escribe su nombre en el espacio en blanco.

John Adams	John Dickinson	John Hancock
Thomas Paine	Thomas Jefferson	Richard Henry Lee

1. "En el Segundo Congreso Continental dije que las 13 colonias ya no debían lealtad al rey."

   ____

2. "Fui el presidente del Segundo Congreso Continental y el primero en firmar la Declaración de la Independencia."

   ____

3. "Fui el redactor principal de la Declaración de la Independencia."

   ____

4. "Escribí que los americanos deberían celebrar siempre el Día de la Independencia."

   ____

5. "En mi panfleto *Common Sense*, escribí que los colonos debían gobernarse a sí mismos."

   ____

6. "Fui presidente del comité que redactó los Artículos de la Confederación."

   ____

Usar después de leer el Capítulo 6, Lección 5, págs. 252–259.

Nombre ____________________ Fecha ____________

Destrezas: Identificar causas y efectos múltiples

INSTRUCCIONES **Usa la tabla de abajo para responder las preguntas acerca de causas y efectos.**

La Declaración de la Independencia

Causas

Richard Henry Lee pide una resolución donde se declara que las colonias son independientes.	El Congreso forma un comité para redactar la Declaración de la Independencia.

Efectos

Thomas Jefferson redacta la mayor parte de la Declaración de la Independencia.	El Congreso aprueba la Declaración de la Independencia.	Se hace la primera lectura pública de la Declaración de la Independencia.

Una multitud celebra la independencia de las colonias.

1. ¿Qué efecto crees que se produjo primero? ¿Por qué?

____

____

2. ¿Qué efecto demostró cuál era la opinión del pueblo respecto a la Declaración de la Independencia?

____

____

Nombre ____________________ Fecha ____________________

Guía de estudio

INSTRUCCIONES Usa los términos del recuadro de abajo para completar la información que falta en estos párrafos.

Lección 1	Lección 2	Lección 3	Lección 4	Lección 5
proclamación	traición	monopolio	ramo de olivo	quejas
alianzas	política imperial	bloqueo	comandante en jefe	independencia
delegados	boicot	petición	terraplenes	resolución
	representación			

Lección 1 En la guerra franco-indígena, Gran Bretaña y Francia se enfrentaron por el control de territorios en América del Norte. Ambos países formaron ____________________ con las tribus indígenas. Durante una reunión llevada a cabo en Albany, New York, Benjamin Franklin dijo que las colonias debían unirse para luchar contra los franceses. Los ____________________ no aprobaron su plan. Cuando Gran Bretaña ganó la guerra, su rey emitió una ____________________ que reservaba algunos territorios para los indígenas.

Lección 2 Como la guerra franco-indígena fue costosa, Gran Bretaña decidió cobrar impuestos en las colonias con el propósito de recaudar dinero. Muchos colonos decían que Gran Bretaña no podía cobrarles impuestos porque ellos no tenían ____________________ en el Parlamento. Cuando Patrick Henry afirmó que los colonos no debían pagar, algunas personas lo acusaron de ____________________. Sin embargo, muchos otros estuvieron de acuerdo con Henry. Cada vez más colonos se sumaron al ____________________ a los productos británicos y manifestaron su oposición a las ____________________ de Gran Bretaña. Las protestas de los colonos contra los impuestos provocaron el estallido de los enfrentamientos.

(sigue)

 Usar después de leer el Capítulo 6, págs. 222–265.

Nombre ______________________________ Fecha ______________

Lección 3 La Ley del Té daba a Gran Bretaña el ______________________ del té en las colonias. En respuesta, los Hijos de la Libertad arrojaron cajones de té británico a las aguas del puerto de Boston. Los líderes coloniales se enfurecieron tanto que ordenaron a la armada británica el ______________________ del puerto. Los líderes de las colonias se reunieron en el Primer Congreso Continental y enviaron una ______________________ que recordaba al rey los derechos de los colonos.

Lección 4 El Segundo Congreso Continental organizó el ______________________ y nombró a George Washington su ______________________. En ese momento, la primera batalla importante de la Guerra de la Independencia ya se había librado en Lexington y Concord. En Breed's Hill, los colonos dispararon a los soldados británicos desde muros llamados ______________________. Los británicos ganaron la batalla de Breed's Hill, que recibió erróneamente el nombre de Bunker Hill. Sin embargo, murieron más de 1,000 soldados británicos. El Congreso envió otra petición al rey George III. Como llamaba a la paz, esa petición tomó el nombre de un antiguo símbolo de paz, el ______________________.

Lección 5 A medida que aumentaban los conflictos entre Gran Bretaña y las colonias, cada vez más colonos comenzaron a reclamar la ______________________. En el Congreso, Richard Henry Lee pidió una ______________________ sobre la independencia de las colonias. El Congreso nombró a un comité para que redactara una declaración que sería enviada al rey George III. Ese texto se convirtió en la Declaración de la Independencia. Enumeraba muchas ______________________, de los colonos, es decir, sus demandas contra el rey George III y el Parlamento.

Nombre ______________________ Fecha ______________

Resume el capítulo

CAUSA Y EFECTO

INSTRUCCIONES **Completa los organizadores gráficos para mostrar que comprendes las causas y efectos de los eventos que llevaron a la Revolución Americana.**

Causa		Efecto
Gran Bretaña necesitaba dinero para pagar los gastos de la guerra franco-indígena.	→	______________________
______________________	→	**El Congreso aprueba la Declaración de la Independencia.**
Gran Bretaña aprobó las Leyes Intolerables.	→	______________________
La hostilidad entre los colonos y los soldados británicos era cada vez mayor.	→	______________________

Usar después de leer el Capítulo 6, págs. 222–265.

Nombre ______________________ Fecha ______________

Los americanos y la revolución

INSTRUCCIONES Lee las afirmaciones de abajo. En el espacio en blanco, escribe *P* si crees que la afirmación fue dicha por un patriota; *L* si crees que fue dicha por un colono leal; y *N* si crees que fue dicha por una persona neutral.

1. ______ "Nunca imaginé que quemaría mis propios cultivos, pero eso es mejor que proporcionarles comida a los casacas rojas."

2. ______ "No me importa quién gana. Solo quiero que esta guerra termine."

3. ______ "Los soldados tienen derecho a tomar lo que necesitan de los rebeldes."

4. ______ "No comprendo por qué mi hijo ha decidido luchar del lado de personas que traicionan a su rey."

5. ______ "Las personas que especulan son traidores a la causa de la libertad."

Nombre ____________________ Fecha ____________

La lucha por la independencia

INSTRUCCIONES Escribe cada nombre del recuadro en la columna de la tabla que le corresponde.

John Burgoyne
Friedrich Wilhelm von Steuben
George Washington
Benedict Arnold
Jorge Farragut
Bernardo de Gálvez
William Howe
marqués de Lafayette
George Clinton
Benjamin Franklin

Ayudó a los americanos	Ayudó a los británicos

(sigue)

 Usar después de leer el Capítulo 6, Lección 2, págs. 274–280.

Nombre ______________________ Fecha ______________

INSTRUCCIONES Usa expresiones del párrafo de abajo para completar el diagrama de Venn. Escribe cada expresión en el lugar correcto del diagrama.

Tanto los soldados del ejército Continental como los del ejército británico iban a la batalla armados con mosquetes con bayoneta. Sin embargo, los ejércitos eran muy diferentes. El ejército británico tenía 50,000 soldados experimentados en las colonias. Además contaba con la ayuda de mercenarios. El ejército Continental estaba formado por menos de 15,000 soldados. Muchos de esos soldados eran agricultores que acababan de alistarse. Los ejércitos se diferenciaban además por su aparencia y por su equipamiento. El soldado Continental vestía un sombrero tricornio y llevaba un estuche portafusil. El soldado británico usaba casaca roja y llevaba una mochila para víveres.

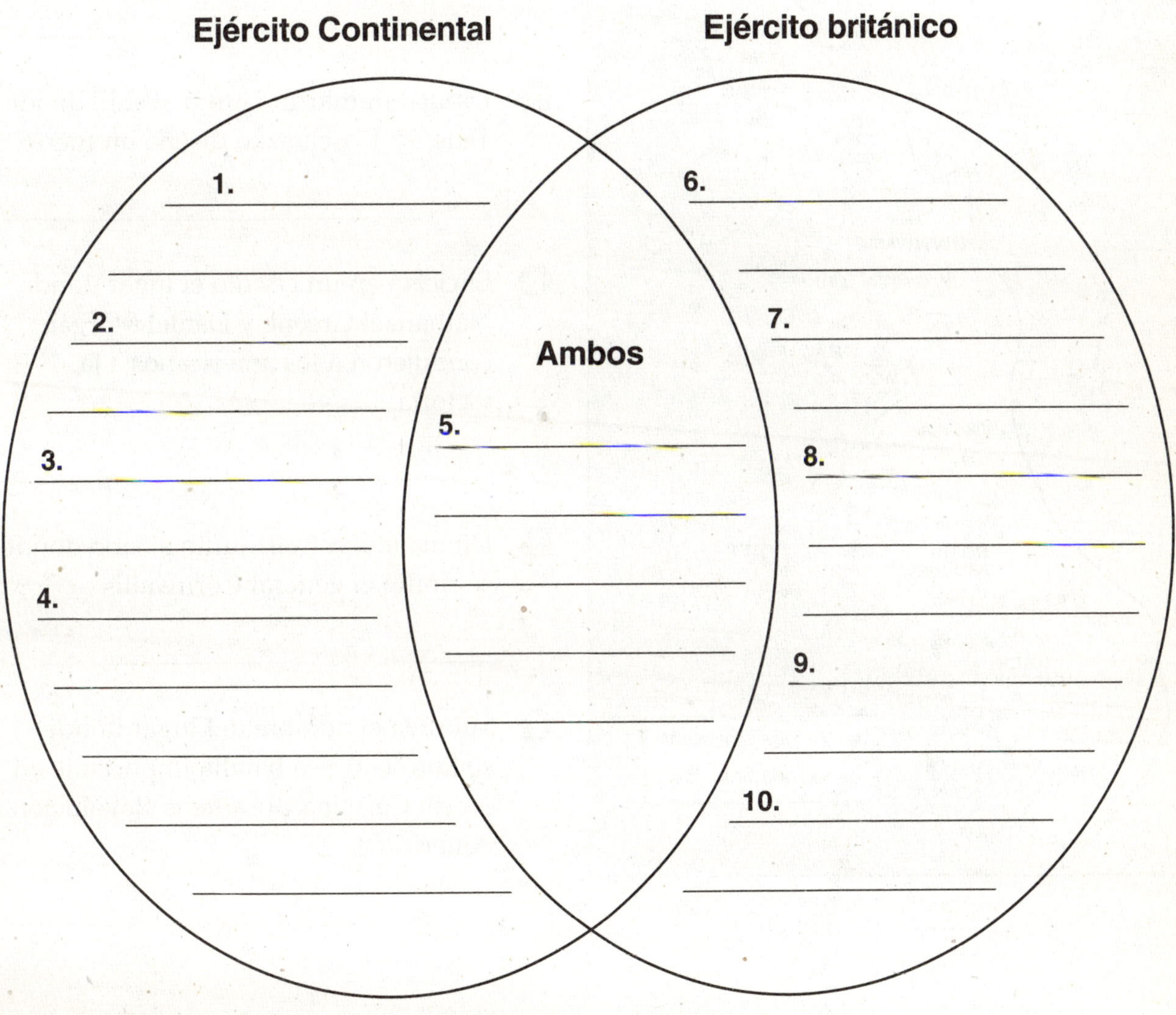

Nombre ______________________ Fecha ______________

Se logra la independencia

INSTRUCCIONES **Sigue las instrucciones de abajo para completar la actividad. Escribe tus respuestas en el mapa o en los espacios en blanco.**

1. Dibuja una X en la ciudad donde murió Nathan Hale.

   ____

2. Dibuja una jarra en el lugar de la batalla en la que Mary Ludwig Hays McCauley llevó agua a las tropas.

   ____

3. Dibuja un martillo junto al sitio donde Tadeusz Kosciuszko diseñó un fuerte.

   ____

4. Encierra en un círculo el lugar donde Nathanael Greene y Daniel Morgan condujeron a los americanos a la victoria.

   ____

5. Dibuja una estrella junto al sitio donde se rindió el general Cornwallis.

   ____

6. Subraya el nombre del lugar donde se libró la única batalla importante en North Carolina durante la Revolución Americana.

   ____

 Usar después de leer el Capítulo 7, Lección 3, págs. 284–289.

Nombre ______________________ Fecha ______________

Destrezas: Distinguir entre hecho y ficción

INSTRUCCIONES Lee los siguientes textos acerca del cruce del río Delaware al mando del general Washington. Luego responde las preguntas.

Texto A "Mientras los cuatro niños se acurrucaban en el asiento, los remeros, vestidos con andrajosos uniformes azul y beige, comenzaron a desatracar el bote empujando el hielo con sus largas varas. Matt los reconoció por el informe de historia que había escrito con Q.

— Deben ser los pescadores de Marblehead, de John Glover — le susurró a Q.

— Este debe ser el río Delaware — le respondió Q, también en voz baja.

Ambos recordaban haber leído acerca de un grupo especial de marineros del norte que se habían alistado a las órdenes del coronel John Glover, de Marblehead, en Massachusetts. Ellos tripularon los botes de Durham que llevaron a Washington y sus tropas a través del río aquella Nochebuena."*

*Elvira Woodruff. *George Washington's Socks.* Scholastic, 1991.

Texto B "Estoy sentado en el embarcadero. Las tropas están por todas partes y los botes regresaron a buscar la artillería. Estamos tres horas atrasados… [los pescadores de Marblehead] que guían los botes tuvieron dificultades para abrirse paso entre el hielo flotante, con la nieve golpeándoles el rostro…"*

*extracto de *The Diary of Colonel John Fitzgerald* en *The American Revolution in the Delaware Valley* de Edward S. Gifford, Jr. Pennsylvania Society of Sons of the Revolution, 1976.

1. ¿Qué texto pertenece a una fuente documental?

____

2. ¿Qué texto pertenece a una fuente de ficción?

____

3. ¿Qué pista te ayudó a identificar cada fuente?

____

____

____

Nombre ______________________ Fecha ______________

Las consecuencias de la guerra

INSTRUCCIONES Lee cada pregunta y elige la respuesta correcta. Luego, rellena el círculo de la respuesta que has elegido.

1. ¿Qué idea, incluida en la Declaración de la Independencia, cambió la opinión de muchas personas acerca de la esclavitud?
   - Ⓐ la idea de que el pueblo debe obedecer al gobierno
   - Ⓑ la idea de que todas las personas tienen derecho a la vida y a la libertad
   - Ⓒ la idea de que las colonias ya no serían gobernadas por Gran Bretaña
   - Ⓓ la idea de que las personas no deben pagar impuestos sin su consentimiento

2. ¿Qué argumento presentó Elizabeth Freeman en la corte para obtener su libertad?
   - Ⓐ Argumentó que todas las personas son iguales.
   - Ⓑ Argumentó que su patrón era cruel.
   - Ⓒ Argumentó que se había abolido la esclavitud.
   - Ⓓ Argumentó que tenía derecho a votar.

3. ¿Quienes formaron el primer grupo abolicionista de la nación?
   - Ⓐ los esclavos
   - Ⓑ los indígenas
   - Ⓒ los agricultores
   - Ⓓ los cuáqueros

4. ¿Cuál fue el primer estado que abolió la esclavitud?
   - Ⓐ Georgia
   - Ⓑ Maryland
   - Ⓒ Massachusetts
   - Ⓓ Virginia

5. ¿Qué decía la Ordenanza del Noroeste acerca de la esclavitud?
   - Ⓐ Permitía la esclavitud en el Territorio del Noroeste.
   - Ⓑ Decía que la esclavitud no estaría permitida en los estados que se formaran en el Territorio del Noroeste.
   - Ⓒ Decía que cada estado del Territorio del Noroeste podía decidir si permitía la esclavitud.
   - Ⓓ No mencionaba la esclavitud.

Usar después de leer el Capítulo 7, Lección 4, págs. 292–297.

Nombre ______________________ Fecha ______________

Guía de estudio

INSTRUCCIONES Usa los términos y los nombres del recuadro de abajo para completar la información que falta en estos párrafos acerca de la Revolución Americana.

Lección 1	Lección 2	Lección 3	Lección 4
Sybil Ludington	momento decisivo	Nathan Hale	abolicionistas
Thayendanegea	mercenarios	Benedict Arnold	ordenanza
Peter Salem	negociar	John Paul Jones	territorios
James Armistead	campaña		
Deborah Sampson			

Lección 1 La Guerra de la Independencia afectó prácticamente a todos los habitantes de las colonias. Las mujeres asumieron roles importantes en la guerra. A los 16 años, ______________________ cabalgó para avisar a los americanos que los británicos estaban por atacar. ______________________ se hizo pasar por hombre para pelear en la guerra. Los afroamericanos también colaboraron con la causa patriota. ______________________ trabajó como espía para George Washington y así obtuvo su libertad. Varios afroamericanos, entre ellos ______________________, lucharon en Concord. Las tribus indígenas formaron alianzas tanto con los americanos como con los británicos. ______________________ y los mohawk pelearon del lado de los británicos. Los oneida y los tuscarora pelearon del lado de los americanos.

(sigue)

Nombre ______________________________ Fecha ______________

Lección 2 En 1777, el ejército británico planeó una ______________ para controlar New York. El numeroso ejército británico contaba con la ayuda de ______________ de Alemania, pero aun así perdieron una importante batalla en Saratoga. Esa batalla fue un ______________ de la guerra. Benjamin Franklin había viajado a Francia para ______________ con el gobierno francés. Quería que Francia ayudara a los americanos en la guerra. La victoria americana de Saratoga convenció a los líderes franceses de que los colonos podían ganar la guerra y aceptaron ayudarlos.

Lección 3 La Revolución Americana generó muchos líderes valientes. ______________ era un espía patriota que fue capturado y ahorcado por los británicos. El comandante de la armada ______________ luchó contra barcos británicos cerca de la costa de Gran Bretaña. La Revolución también tuvo algunos traidores. ______________, que había conducido a sus tropas a la victoria en Saratoga, actuó contra su propio país cuando comandó ataques británicos en algunas ciudades de Virginia.

Lección 4 Las constituciones estatales que se redactaron después de 1776 reflejaban los ideales de la Revolución Americana. Los derechos enumerados en la Declaración de la Independencia cambiaron la forma de pensar de algunos americanos con respecto a los derechos de las personas y a la esclavitud. Algunas personas se hicieron ______________ y protestaron contra la esclavitud. Los desacuerdos acerca de la esclavitud afectaron a los ______________ ubicados más allá de los estados. Para gobernar el Territorio del Noroeste, en 1787 se aprobó una ______________ que prohibía la esclavitud en la región.

 Usar después de leer el Capítulo 7, págs. 268–299.

Nombre ______________________ Fecha ______________

Resume el capítulo

RESUMIR

INSTRUCCIONES **Completa los organizadores gráficos para mostrar que comprendes las causas y los efectos de algunos eventos clave de la Guerra de la Independencia.**

Causa		Efecto
El Congreso imprimió más dinero.	→	______________________
______________________	→	Francia acordó ayudar a los americanos.
Se firmó el Tratado de París.	→	______________________

Nombre ______________________ Fecha ______________

La Asamblea Constituyente

INSTRUCCIONES Escribe una o dos oraciones acerca de cada uno de los líderes que se indican abajo. Incluye una de sus contribuciones a la Asamblea Constituyente.

1. **James Madison**

____

____

2. Edmund Randolph

____

____

____

3. William Paterson

____

____

4. Roger Sherman

____

____

5. Gouverneur Morris

____

____

Usar después de leer el Capítulo 8, Lección 1, págs. 316–322.

Nombre ____________________ Fecha ____________________

Destrezas: Resolver conflictos

INSTRUCCIONES **Completa este organizador gráfico. Para cada paso, escribe las decisiones que llevaron a la creación de la Constitución.**

Identifica el problema.

1 Los delegados debatieron acerca de cómo debían estar representados los estados en el Congreso.

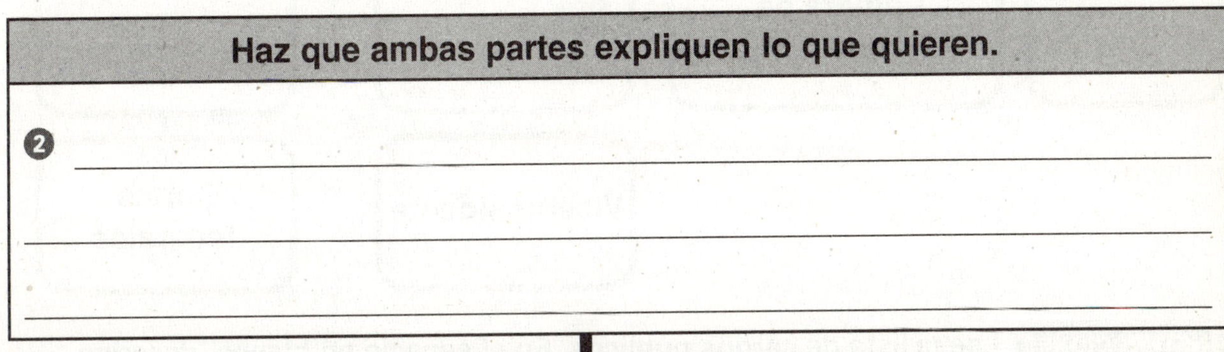

Haz que ambas partes expliquen lo que quieren.

2 ____________________

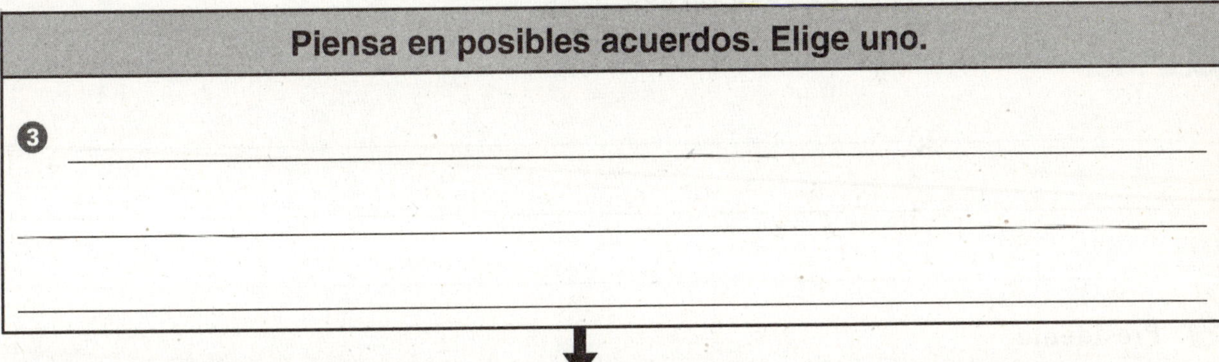

Piensa en posibles acuerdos. Elige uno.

3 ____________________

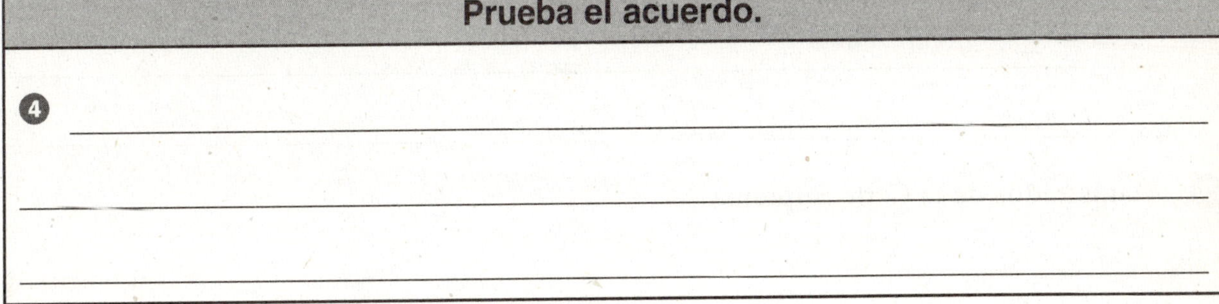

Prueba el acuerdo.

4 ____________________

Nombre ______________________________ Fecha ______________

Los tres poderes del gobierno

INSTRUCCIONES Usa los términos del recuadro para completar el diagrama.

Corte Suprema	Presidente	Senado	Poder ejecutivo

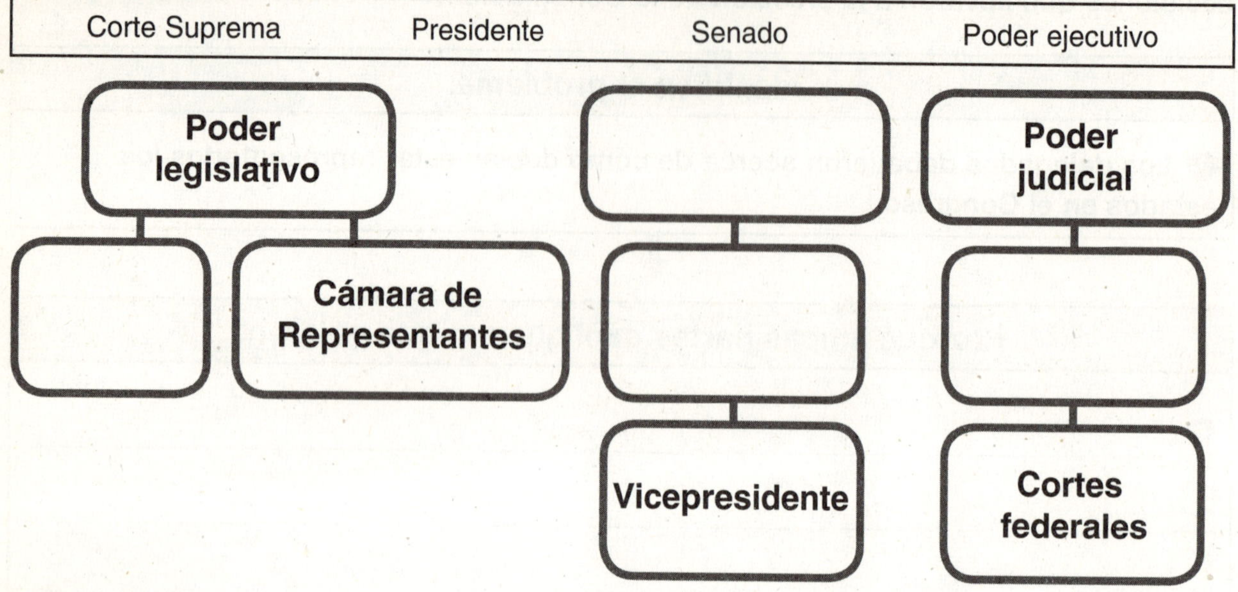

INSTRUCCIONES Lee la lista de cargos públicos. En el espacio en blanco, describe brevemente las facultades de cada cargo.

1. Representantes

____

____

____

2. Presidente

____

____

____

3. Magistrados de la Corte Suprema

____

____

____

Usar después de leer el Capítulo 8, Lección 2, págs. 328–333.

Nombre ______________________ Fecha ______________

La Declaración de Derechos

INSTRUCCIONES Completa el diagrama para mostrar las libertades y derechos que otorga la Primera Enmienda.

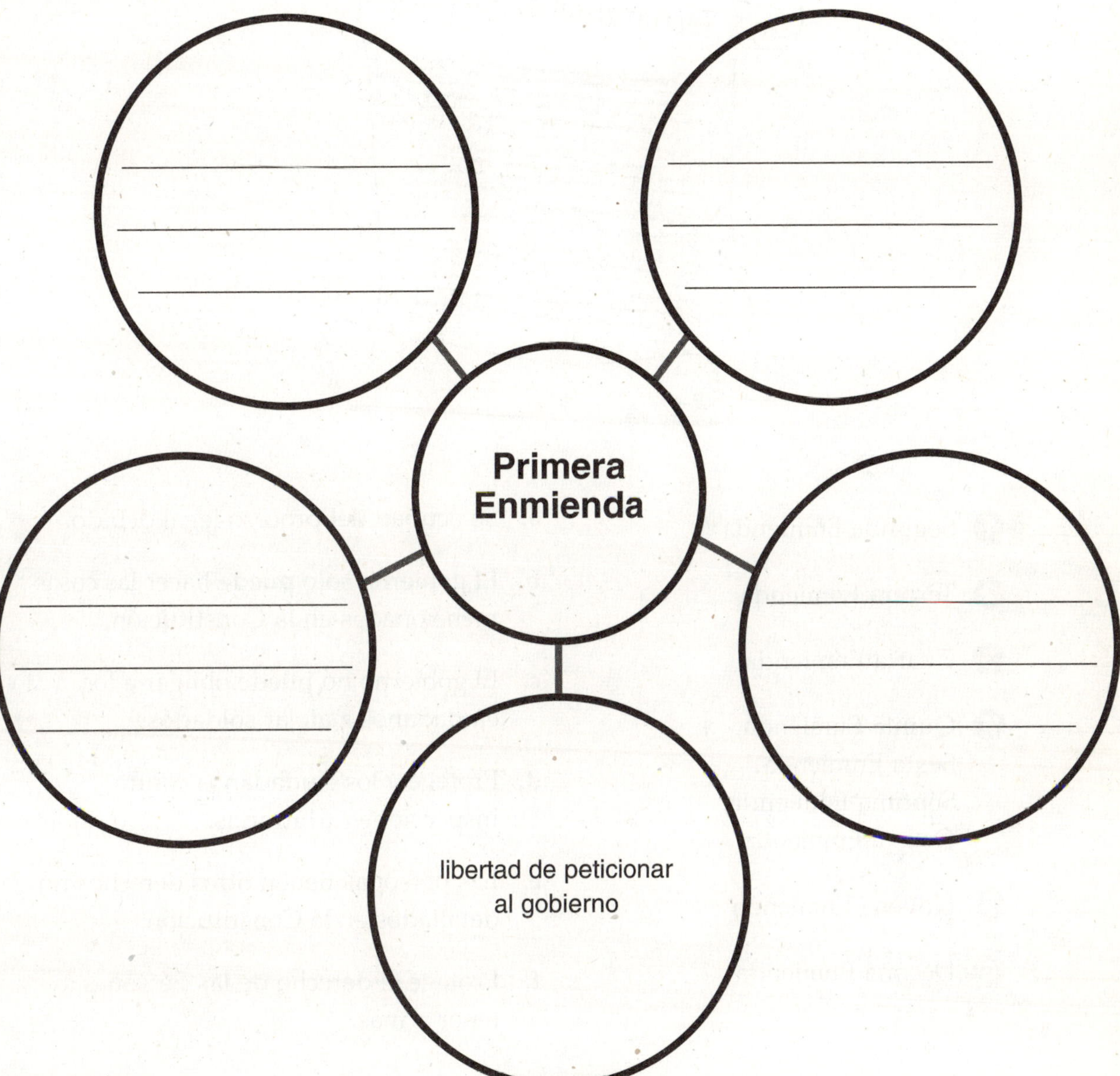

INSTRUCCIONES Escribe una oración que indique una de las maneras en que las personas ejercen hoy en día una de esas libertades.

____

____

(sigue)

Nombre ______________________________ Fecha ______________

INSTRUCCIONES **Escribe la letra de la descripción que corresponde a cada número.**

_____ **1** Segunda Enmienda

_____ **2** Tercera Enmienda

_____ **3** Cuarta Enmienda

_____ **4** Quinta Enmienda, Sexta Enmienda, Séptima Enmienda, Octava Enmienda

_____ **5** Novena Enmienda

_____ **6** Décima Enmienda

a. Se ocupan del proceso legal debido.

b. El gobierno solo puede hacer las cosas mencionadas en la Constitución.

c. El gobierno no puede obligar a los ciudadanos a alojar soldados.

d. Protege a los ciudadanos contra inspecciones arbitrarias.

e. Las personas tienen otros derechos no detallados en la Constitución.

f. Protege el derecho de las personas a tener armas.

Usar después de leer el Capítulo 8, Lección 3, págs. 334–339.

Nombre ______________________ Fecha ______________

Destrezas: Leer un mapa de población

INSTRUCCIONES **Usa el mapa para responder las preguntas de la página 78.**

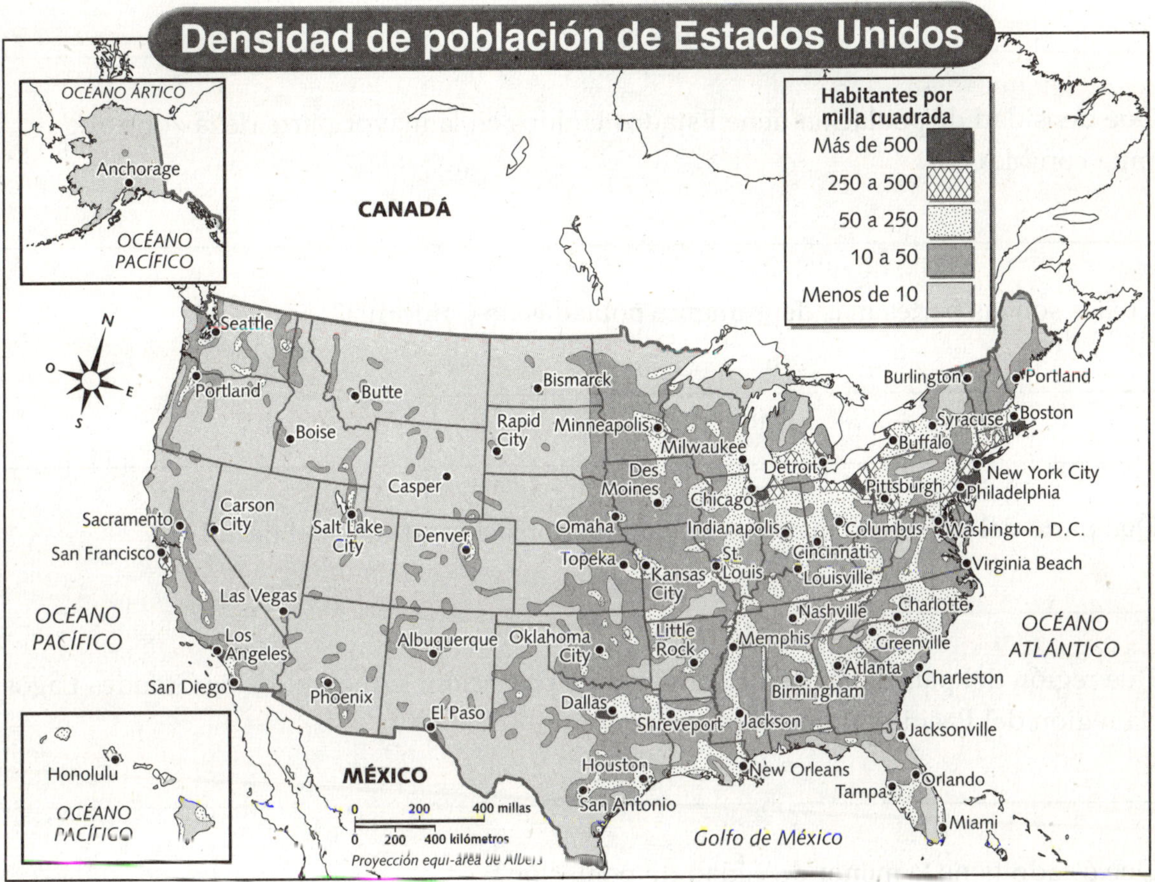

(sigue)

Nombre ______________________________ Fecha ______________

1. ¿Qué zona tiene mayor densidad de población, la zona alrededor de Burlington o la zona alrededor de Charlotte? ______________________________

2. ¿Qué densidad de población tiene la zona de Virginia Beach?

____

3. ¿Qué densidad de población tiene Estados Unidos en la mayor parte de la zona que limita con México?

____

4. ¿Cuáles son las partes más densamente pobladas de California?

____

____

5. ¿Qué parte del país tiene mayor densidad de población, el este o el oeste?

____

6. ¿Qué región del país tiene mayor densidad de población, la región de los Grandes Lagos o la región del Pacífico Noroeste?

____

7. ¿Qué estado tiene la menor densidad de población? ______________

8. ¿Qué densidad de población tiene la zona donde vives?

______________ Escribe una *X* en el mapa para indicar esa zona.

9. ¿Qué densidad de población tiene la zona alrededor de donde vives?

______________ Escribe una *X* en el mapa para indicar esa zona.

 Usar después de leer el Capítulo 8, Lección de destreza, págs. 340–341.

Nombre ______________________ Fecha ____________

Una democracia constitucional

INSTRUCCIONES **Responde las preguntas en los espacios en blanco.**

1. ¿Qué es el equilibrio de poderes?

___

___

___

2. ¿Cómo puede el Congreso aprobar una ley que ha sido vetada por el presidente?

___

___

3. Escribe tres responsabilidades de los gobiernos estatales.

___

___

4. ¿Quién encabeza el poder ejecutivo de un gobierno local?

___

5. ¿Cuál es una de las principales responsabilidades de un ciudadano?

___

Capítulo 8

Nombre ______________________ Fecha ______________

Guía de estudio

INSTRUCCIONES Usa los nombres y los términos del recuadro de abajo para completar la información que falta en estos párrafos acerca de la Constitución.

Lección 1	Lección 2	Lección 3	Lección 4
asamblea	juicio político	antifederalistas	gobernador
Daniel Shays	vetar	declaración de derechos	locales
James Madison	enmienda	partidos políticos	equilibrio de poderes
Patrick Henry	magistrados	ratificar	soberanía popular
Gran Acuerdo	representantes	federalistas	alcalde

Lección 1 En 1787, una turba de granjeros liderados por ______________ intentó tomar un arsenal del gobierno en Massachusetts. Esa rebelión hizo pensar a los líderes que el país necesitaba un gobierno nacional más fuerte. ______________ quería reemplazar los Artículos de la Confederación. Otros líderes, como ______________, querían mantener los Artículos tal como estaban. Sin embargo, 12 estados enviaron delegados a una ______________ en Philadelphia con el propósito de corregir los Artículos de la Confederación. Intentaron hallar una manera de definir cómo debía estar representado cada estado. Aunque los delegados no lograron ponerse de acuerdo respecto a la esclavitud, la convención aprobó el ______________ en 1787.

Lección 2 Cada poder del gobierno limita la autoridad de los otros poderes. Por ejemplo, el presidente puede ______________, o rechazar, los proyectos de ley que aprueban los ______________ en el Congreso. Pero el Congreso puede iniciarle un ______________ al presidente. El presidente postula a los ______________ de la Corte Suprema. La Constitución también explica el proceso para agregar ______________, o cambios.

(sigue)

Nombre ______________________________ Fecha ______________

Lección 3 En 1787, el trabajo de la Constitución estaba terminado. Los delegados tenían que ______________________ el documento, pero algunos tenían dudas. Querían que la Constitución limitara el poder del gobierno federal y protegiera los derechos individuales de las personas.

Los defensores de la Constitución prometieron proponer una ______________________ una vez que la Constitución fuera aprobada. A los ciudadanos que estaban a favor de la Constitución se los llamó ______________________. A los que estaban en desacuerdo se los conoció como ______________________. Esa discrepancia condujo al surgimiento de los ______________________. La Declaración de Derechos se agregó a la Constitución en 1791.

Lección 4 La Constitución otorga diferentes facultades a cada poder del gobierno, de modo tal que cada poder pueda controlar a los otros. Ese sistema, llamado ______________________, evita que una de las ramas acumule demasiado poder.

Los gobiernos estatales y los gobiernos ______________________ también se dividen en tres poderes. Las facultades que los estados no tienen están detalladas en la Constitución. Los gobiernos estatales están encabezados por un ______________________ y los gobiernos locales, por un ______________________. La idea de que el gobierno obtiene su poder del pueblo se llama ______________________.

Nombre ______________________ Fecha ______________

Resume el capítulo

SACAR CONCLUSIONES

Completa los organizadores gráficos para demostrar que puedes sacar conclusiones sobre la Constitución.

Evidencia

____

____

____

____

Conocimiento

El equilibrio de poderes ayuda a evitar que el gobierno se vuelva demasiado poderoso.

Conclusión

Los delegados de la Asamblea Constituyente no querían que ninguna rama del gobierno acumulara demasiado poder.

Evidencia

Los delegados que apoyaban la Constitución necesitaban que fuera aprobada por nueve estados.

Conocimiento

A menudo las personas tienen que resignar algo de lo que quieren para poder alcanzar un acuerdo.

Conclusión

____

____

 Usar después de leer el Capítulo 8, págs. 316–351.

Nombre ______________________ Fecha ______________

La exploración del Oeste

INSTRUCCIONES Observa el mapa y lee las oraciones. Elige el nombre correcto del recuadro y escríbelo en el espacio en blanco del mapa.

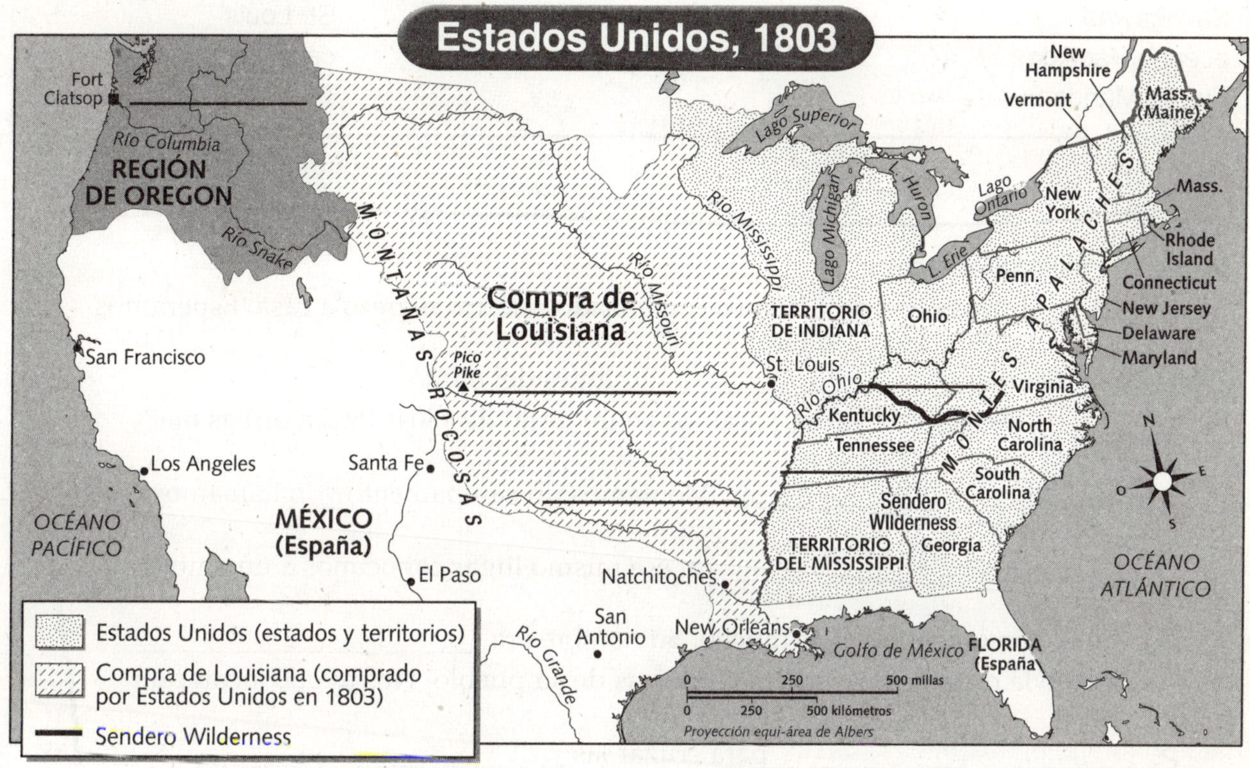

1. Fui uno de los pioneros más famosos que cruzó los Apalaches para llegar a Kentucky.
2. Fui el primer gobernador de Tennessee.
3. Vendí este enorme territorio a Estados Unidos por 15 millones de dólares.
4. Aquí pasé el invierno de 1805 con la Brigada de Descubrimiento.
5. Esta alta montaña lleva mi nombre.

John Sevier
Zebulon Pike
Daniel Boone
Meriwether Lewis
Napoleón Bonaparte

(sigue)

Nombre ______________________________ Fecha ______________

INSTRUCCIONES Abajo hay una carta imaginaria de un miembro de la Brigada de Descubrimiento a un amiga de su pueblo natal. Usa las palabras y expresiones del recuadro para completar la carta.

montañas Rocosas	Meriwether Lewis	río Missouri
Sacagawea	Thomas Jefferson	St. Louis
océano Pacífico	William Clark	caballos
Fuerte Mandan		

Querida Elizabeth:

¡Buenas noticias! Hemos comenzado nuestro regreso a casa. Esperamos volver a ______________________ antes del otoño.

Después de partir, pasamos en invierno de 1804–1805 a orillas del ______________________. Montamos un campamento y lo llamamos ______________________. En ese mismo lugar conocimos a una mujer shoshón que nos ayudó mucho. Su nombre era ______________________ y guió la expedición a través las tierras de su pueblo. Nos ayudó a comprar ______________________ para cruzar las ______________________. Después construimos embarcaciones y viajamos por varios ríos, incluyendo el río Columbia. En noviembre de 1805, finalmente llegamos al ______________________.

Nuestra expedición tuvo éxito gracias a la destreza de nuestros líderes, ______________________ y ______________________. Trazaron muchos mapas de las tierras que recorrimos y trajeron semillas, plantas y animales para mostrárselos al presidente ______________________. Sé que él estará satisfecho de haber convencido al Congreso de financiar nuestro viaje.

Estoy ansioso por verte y saber cómo estás.

Tuyo,

John

Nombre _______________ Fecha _______________

Destrezas: Tomar una decisión bien pensada

INSTRUCCIONES Imagina que eres el líder de una expedición que busca una ruta para llegar a la costa del Pacífico. Quieres viajar al oeste a través de un río que no conoces muy bien. Sigue los pasos de abajo para decidir cómo actuar.

Paso 1 *Haz una lista de opciones para ayudarte a alcanzar tu objetivo.*

1. _______________

2. _______________

Paso 2 *Reúne la información que necesitarás para tomar una decisión.*

3. _______________

4. _______________

5. _______________

Paso 3 *Predice las posibles consecuencias de cada opción y compáralas.*

6. _______________

7. _______________

Paso 4 *Elige una opción y actúa.*

8. _______________

Indica por qué tomaste esa decisión.

9. _______________

Nombre ______________________ Fecha ____________

Ampliación de las fronteras

INSTRUCCIONES Observa la línea cronológica. Relaciona cada descripción con la fecha que le corresponde en la línea cronológica. Escribe el número de cada evento en el espacio en blanco que le corresponde.

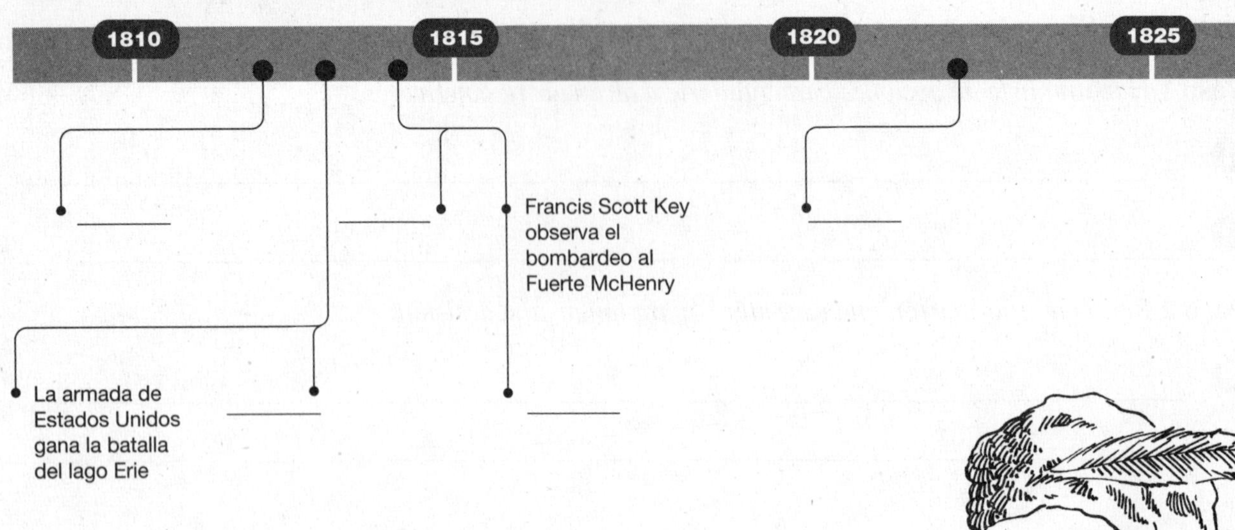

Tecumseh

1. Estados Unidos declara la guerra a Gran Bretaña
2. Se proclama la Doctrina Monroe
3. Estados Unidos y Gran Bretaña firman un tratado para poner fin a la guerra
4. Las tropas británicas atacan Washington, D.C., e incendian la Casa Blanca
5. Las tropas americanas ganan la batalla del Thames; muere el jefe Tecumseh

 Usar después de leer el Capítulo 9, Lección 2, págs. 364–369.

Nombre ______________________ Fecha ______________

De océano a océano

INSTRUCCIONES Observa el mapa y la clave del mapa. Responde las preguntas.

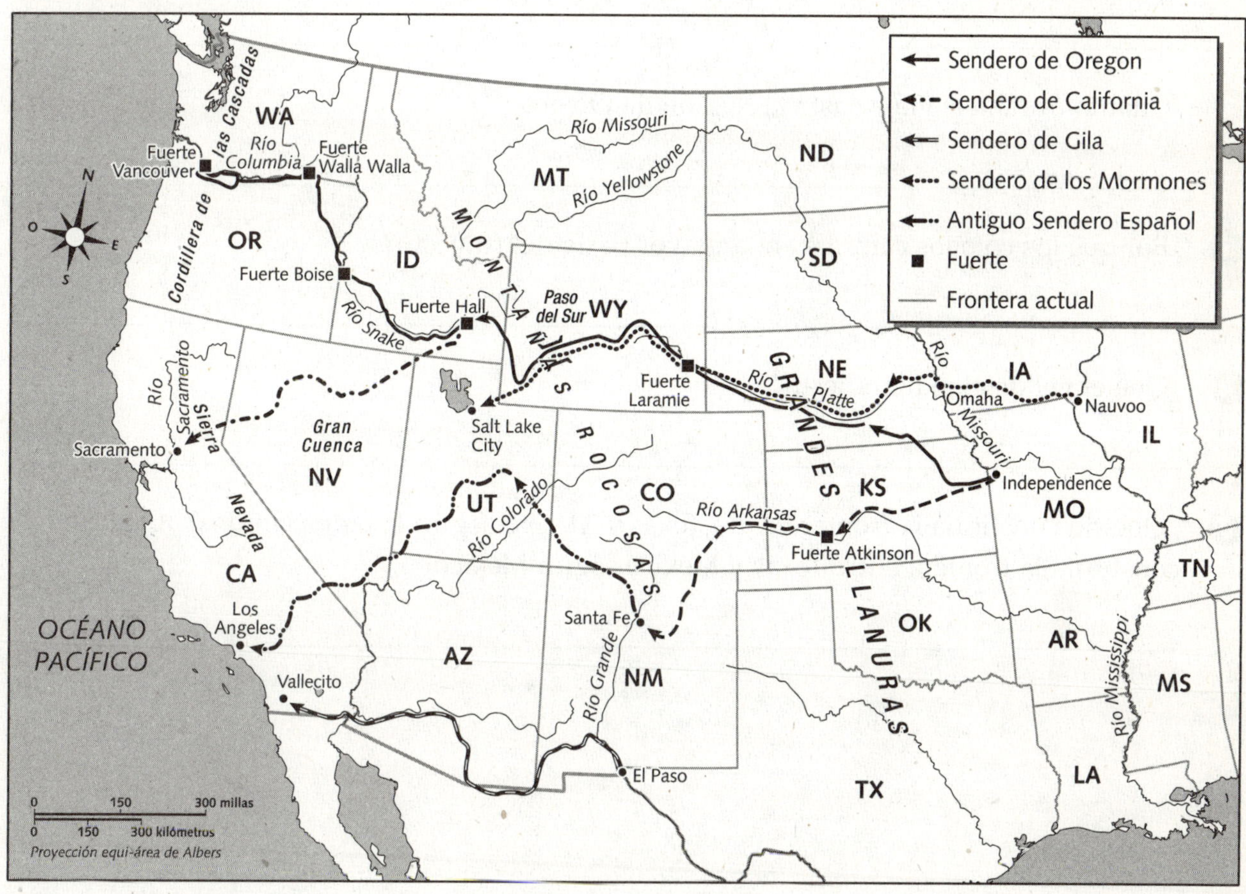

1. ¿Cuál era el nombre del sendero que terminaba en lo que hoy es Utah?

____

2. Muchas personas viajaron al Oeste por el Sendero de Oregon. ¿En qué ciudad comenzaba este sendero?

____

3. ¿Cuál era el nombre del sendero que conectaba el Fuerte Hall y Sacramento?

____

4. ¿Qué estados actuales atravesaba el Antiguo Sendero Español?

____

5. ¿Cuántos fuertes puedes hallar en el mapa? ¿Por qué crees que están ubicados a lo largo de los ríos?

____

(sigue)

Nombre ______________________ Fecha ______________

INSTRUCCIONES **Lee cada pregunta y escribe tu respuesta en el espacio en blanco.**

1. ¿Cómo se llamaba a un grupo de carromatos cubiertos?

____

2. ¿Cuánto duraba el viaje hasta la Región de Oregon?

____

3. ¿Por qué los colonos caminaban la mayor parte del trayecto?

____

4. ¿Qué era el destino manifiesto?

____

5. ¿Qué río constituía la frontera entre Texas y México según Estados Unidos? ¿Qué río constituía la frontera entre Texas y México según México?

____

 Usar después de leer el Capítulo 9, Lección 3, págs. 372–379.

Nombre ______________________________ Fecha ____________________

Nuevas ideas e inventos

INSTRUCCIONES Usa los términos del recuadro para completar las oraciones de abajo.

canal	Revolución Industrial	fábrica
desmotadora de algodón	esclusa	segadora
canal Erie	locomotora	motor de vapor
bienes		

1. Un ______________________ es una vía por agua, hecha por el hombre, que conecta masas de agua.

2. En una ______________________ el agua eleva o baja el barco hasta el nivel de agua de la siguiente esclusa.

3. El ______________________ conectó los Grandes Lagos con el océano Atlántico.

4. Robert Fulton usó un ______________________ para impulsar su barco, el Clermont.

5. La primera ______________________ americana se llamó *Tom Thumb*.

6. ______________________ es el nombre que se le dio a los nuevos inventos y medios de transporte que cambiaron la manera en que las personas vivían y trabajaban.

7. Durante el siglo XIX, los trabajadores pudieron hacer ______________________ con mayor rapidez y a menor costo.

8. Francis Cabot Lowell construyó una ______________________ en Waltham, Massachusetts, donde se transformaba algodón crudo en tela terminada.

9. Eli Whitney inventó la ______________________, una maquinaria que podía separar las semillas rápidamente.

10. Cyrus McCormick inventó una ______________________ mecánica para cosechar granos.

Nombre ______________________ Fecha ______________

Guía de estudio

INSTRUCCIONES Usa los términos del recuadro de abajo para completar la información que falta en estos párrafos acerca de la vida en la frontera.

Lección 1	Lección 2	Lección 3	Lección 4
Daniel Boone	Andrew Jackson	Sendero de los Mormones	desmotadora de algodón
Cumberland	pioneros	Texas	barcos de vapor
Compra de Louisiana	Fuerte McHenry	Gran Lago Salado	locomotoras
Meriwether Lewis	James Madison	Álamo	inventos
Wilderness Road	Tecumseh	oro	canales

Lección 1 Una manera de cruzar los Apalaches era por un antiguo sendero indígena que atravesaba el Paso de ______________________. ______________________, uno de los pioneros más famosos, ensanchó el paso y construyó un camino llamado ______________________, que se transformó en la ruta principal para viajar al Oeste. En 1803, Thomas Jefferson adquirió la ______________________, que duplicó el tamaño de Estados Unidos. Como se sabía poco acerca de esas tierras, Jefferson eligió a ______________________ y a William Clark para que exploraran la región.

Lección 2 Uno de los problemas que condujeron a la Guerra de 1812 fue que los ______________________ se asentaban en las tierras que pertenecían a los indígenas. El jefe ______________________ llamó a las tribus a unirse para resistir el avance de los pioneros. En 1812, ______________________ pidió al Congreso que declarara la guerra a Gran Bretaña. En 1814, Francis Scott Key vio el bombardeo de los barcos británicos sobre el ______________________ y escribió un poema que posteriormente se convirtió en el himno nacional. Después de la guerra, el presidente ______________________ firmó la Ley de Traslado de Indios, que obligaba a los cherokees y a otras tribus a abandonar sus tierras.

(sigue)

Nombre ______________________________ Fecha ______________

Lección 3 A mediados del siglo XIX muchos colonos se fueron a vivir al oeste. Como los líderes de México querían que se mudaran allí más colonos, ofrecieron tierras en ______________________ para promover el asentamiento. Sin embargo, cuando el gobierno mexicano vio que llegaban cada vez más americanos, trató de impedir nuevos asentamientos. Esa situación provocó una batalla en el ______________________. Otros americanos viajaron al oeste en carromatos cubiertos a través del Sendero de Oregon. Brigham Young condujo a un grupo de mormones en un viaje de 1000 millas desde Illinois hasta el ______________________. Esa ruta se conoció como el ______________________. En 1848, el descubrimiento de ______________________ en California cambió la región para siempre.

Lección 4 Los nuevos ______________________ desarrollados durante la primera mitad del siglo XIX permitieron a la gente viajar y transportar bienes con mayor facilidad. Los ______________________ conectaban masas de agua. Los ______________________ se convirtieron en el principal medio de transporte en los grandes ríos. Los motores de vapor también se usaron para construir ______________________, o máquinas de ferrocarril. El invento de Eli Whitney, la ______________________ cambió la agricultura en las plantaciones.

Nombre ______________________ Fecha ____________

Resume el capítulo

SACAR CONCLUSIONES

INSTRUCCIONES **Completa los organizadores gráficos para mostrar que puedes sacar conclusiones sobre la expansión de Estados Unidos hacia el oeste.**

Evidencia

Hoy, Estados Unidos se extiende desde el océano Atlántico hasta el océano Pacífico.

Conocimiento

La Compra de Louisiana y la guerra entre México y Estados Unidos dieron a Estados Unidos muchas tierras nuevas.

Conclusión

____

____

Evidencia

Muchos americanos e inmigrantes de otros países se trasladaron al oeste para establecer nuevas comuniades.

Conocimiento

Los viajes eran largos, duros y peligrosos.

Conclusión

____

____

____

 Usar después de leer el Capítulo 9, págs. 354–387.

Nombre ______________________ Fecha ______________

El norte y el sur

INSTRUCCIONES Lee el texto de abajo. Luego, responde las preguntas en el espacio en blanco.

El norte y el sur no lograban ponerse de acuerdo respecto al tema de la esclavitud. Muchos norteños consideraban que la esclavitud no debía expandirse hacia los territorios del oeste. Muchos sureños consideraban que tenían derecho a asentarse en el oeste con sus esclavos.

La economía del norte dependía principalmente de la manufactura y el transporte. La agricultura no era tan importante para la economía del norte como lo era para la economía del sur. Los estados del norte no necesitaban el mismo tipo de trabajadores que los estados del sur.

La mayoría de los norteños estaba en contra de la esclavitud y pensaba que debería ser abolida, es decir, eliminada. Esos norteños fueron llamados abolicionistas. Incluso la mayoría de los norteños que no eran abolicionistas, no deseaban que se incorporaran más estados esclavistas a la nación.

Pero la economía del sur dependía del trabajo de los esclavos. Los dueños de las plantaciones usaban esclavos para cosechar más algodón, índigo y tabaco en sus campos. Estos sureños sostenían que cada estado tenía derecho a decidir si permitía o abolía la esclavitud.

1. Compara las economías del norte y del sur.

____

____

2. ¿En qué se diferenciaban los puntos de vista que la mayoría de los habitantes del norte y del sur tenían respecto a la esclavitud?

____

____

3. ¿En qué se diferenciaban las posturas del norte y del sur respecto a la expansión de la esclavitud?

____

____

4. ¿Qué nombre recibían los norteños que exigían el fin de la esclavitud?

____

5. ¿Hacia dónde querían evitar los norteños que se expandiera la esclavitud?

____

Nombre ______________________________ Fecha ____________________

Resistencia contra la esclavitud

INSTRUCCIONES **Escribe la letra que corresponde a cada nombre o término en el espacio en blanco.**

1. ______ Dred Scott
2. ______ *Diario de la libertad*
3. ______ William Lloyd Garrison
4. ______ Frederick Douglass
5. ______ Sojourner Truth
6. ______ Lucretia Mott
7. ______ *La cabaña del Tío Tom*
8. ______ Ferrocarril clandestino
9. ______ Harriet Tubman
10. ______ cazadores de esclavos

a. una de las guías más famosas del ferrocarril clandestino

b. el primer periódico cuyos dueños y escritores eran afroamericanos

c. sistema de rutas de escape secretas que conducía a los esclavos a tierras libres

d. un riesgo constante en las rutas del ferrocarril clandestino

e. su nombre significa "persona que viaja"

f. libro que relata cómo se maltrataba a los esclavos

g. organizó una asamblea sobre los derechos de la mujer en Seneca Falls, New York

h. sostenía que debía ser libre porque alguna vez había vivido en tierra libre

i. fue famoso por sus escritos y discursos contra la esclavitud

j. fundó la Sociedad Antiesclavista Americana

 Usar después de leer el Capítulo 10, Lección 2, págs. 410–414.

Nombre ______________________ Fecha ______________

La nación se divide

INSTRUCCIONES Lee los párrafos. Luego, usa el mapa de abajo para responder las preguntas de la página 96.

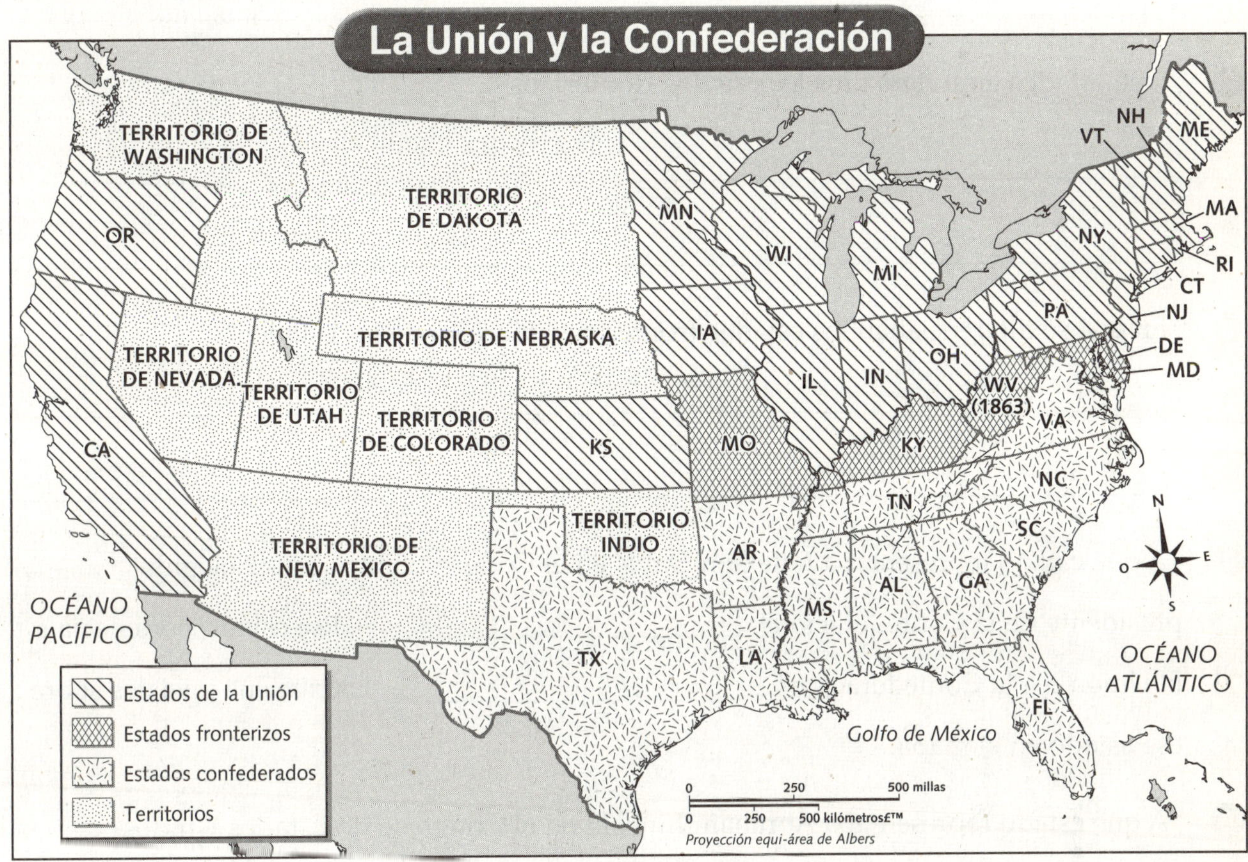

Cuando Abraham Lincoln ganó la elección de 1860, varios estados sureños amenazaron con separarse de la Unión. Lincoln dijo que se oponía a la secesión pero que no usaría la fuerza militar contra ellos. South Carolina fue el primer estado en votar a favor de la secesión, otros 10 estados se separaron después. Los estados que abandonaron la Unión formaron su propio gobierno nacional, llamado Estados Confederados de América.

Lincoln asumió la presidencia y poco después, con el ataque al Fuerte Sumter, estalló la Guerra Civil. La mayoría de los norteños apoyaba a la Unión, mientras que la mayoría de los sureños blancos apoyaba a la Confederación. Los habitantes de los estados fronterizos Delaware, Maryland, West Virginia, Kentucky y Missouri, se dividían entre ambas posiciones. Estos estados permitían la esclavitud pero no se habían separado.

(sigue)

Nombre ______________________ Fecha ______________

1. Nombra cinco de los 11 estados que se separaron de la Unión.

____

____

2. ¿Qué estados eran llamados los estados fronterizos?

____

____

3. ¿En qué se diferenciaban los estados fronterizos del resto de los estados?

____

____

4. ¿A qué estado representaba Jefferson Davis en el Congreso antes de ser elegido presidente de la Confederación? ______________ ¿Ese estado pertenecía a la Unión o a la Confederación? ______________ Escribe sus iniciales sobre ese estado en el mapa.

5. ¿A qué estado representaba Abraham Lincoln en el Congreso de Estados Unidos? ______________ ¿Ese estado pertenecía a la Unión o a la Confederación? ______________ Escribe sus iniciales sobre ese estado en el mapa.

6. ¿En qué estado actual ocurrió el ataque de John Brown? ______________ Escribe sus iniciales sobre ese estado en el mapa.

7. ¿Dónde comenzó la Guerra Civil? ______________

8. ¿En qué estado se encontraba el Fuerte Sumter? ______________ Escribe "FS" sobre ese estado en el mapa.

9. Nombra los territorios de Estados Unidos en la época de la Guerra Civil.

____

____

 Usar después de leer el Capítulo 10, Lección 3, págs. 416–421.

Nombre ______________________ Fecha ____________

Comienza la Guerra

INSTRUCCIONES En el espacio en blanco junto a cada evento, escribe un párrafo breve que explique su importancia durante la Guerra Civil.

EVENTO	IMPORTANCIA
Plan Anaconda	
La batalla de Bull Run	
La batalla de Antietam	
La Proclamación de Emancipación	

Nombre ______________________________ Fecha ______________

Destrezas: Distinguir la importancia de la información

INSTRUCCIONES Lee el texto de abajo. Escribe *E* en el espacio en blanco si la información es esencial. Si es incidental, escribe *I*.

El general Robert E. Lee comandó las fuerzas del sur en algunas de las batallas más sangrientas de la Guerra Civil. Sin embargo, fue un hombre tan estimado que incluso hoy es querido por muchos estadounidenses. Lee nació en Virginia en 1807, su padre fue un héroe de la Guerra de la Independencia. Se graduó segundo de su clase en la Academia Militar de Estados Unidos, en West Point. Ser un buen soldado era importante para él.

Después de la Guerra Civil, Lee se fue a Richmond, Virginia. Su familia había perdido la casa y las tierras que tenía en Arlington, Virginia. La casa era una herencia que la esposa de Lee, Mary, había recibido de su padre. Las hijas de Lee se llamaban Mary, Annie, Agnes y Mildred. Su hijo mayor era conocido como Custis.

Lee se convirtió en director del Washington College, en Lexington, Virginia. Hoy en día esa escuela se llama Universidad Washington y Lee. Lee murió en 1870 y está enterrado en Virginia. No fue sino hasta la década de 1970 que Lee recuperó, póstumamente, su rango de ciudadano. El presidente Gerald Ford, nacido en Omaha, Nebraska, restauró a Lee su ciudadanía.

1. ______ Robert E. Lee fue un hombre educado y muy estimado.
2. ______ El padre de Robert E. Lee fue un héroe de la Guerra de la Independencia.
3. ______ El hijo mayor de Robert y Mary Lee era conocido como Custis.
4. ______ En su honor, el antiguo Washington College hoy se llama Universidad Washington y Lee.
5. ______ El presidente Gerald Ford nació en Nebraska.

Usar después de leer el Capítulo 10, Lección de destreza, págs. 430–431.

Nombre ______________________________ Fecha ______________

Hacia la victoria de la Unión

INSTRUCCIONES **Numera los eventos de la Guerra Civil en orden cronológico.**

______ El general Sherman dirige la "marcha hacia el mar" desde Atlanta hasta Savannah, Georgia.

______ El ejército confederado vence a las tropas de la Unión en Chancellorsville.

______ La victoria de la Unión en Gettysburg marca un momento decisivo de la guerra.

______ El general Robert E. Lee firma la rendición en Appomattox Court House, Virginia.

______ Lincoln pronuncia el discurso de Gettysburg.

______ Vicksburg se rinde a las tropas de la Unión.

______ Las tropas confederadas evacuan Richmond, Virginia. Al irse, incendian la ciudad.

______ John Wilkes Booth asesina al presidente Lincoln.

Nombre ______________________ Fecha ______________

Destrezas: Comparar mapas con escalas diferentes

INSTRUCCIONES **Observa los mapas. Luego, úsalos para responder las preguntas de la página 101.**

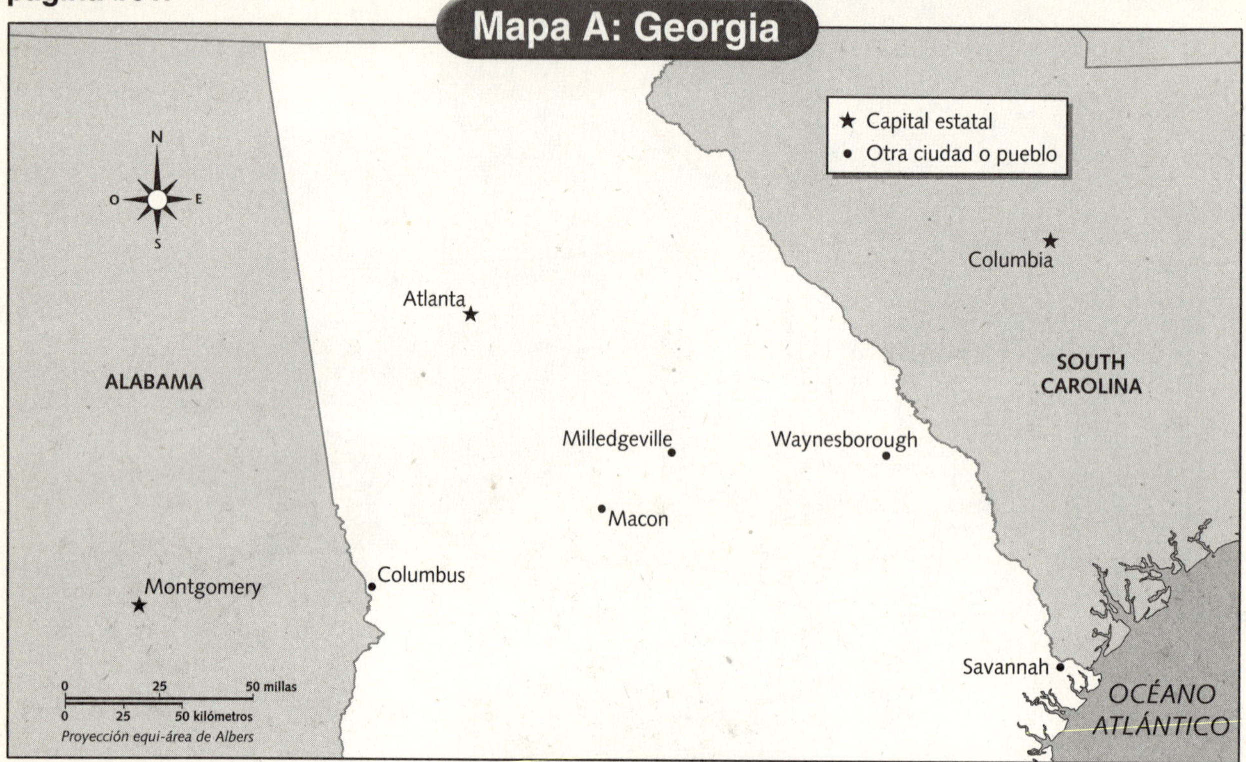

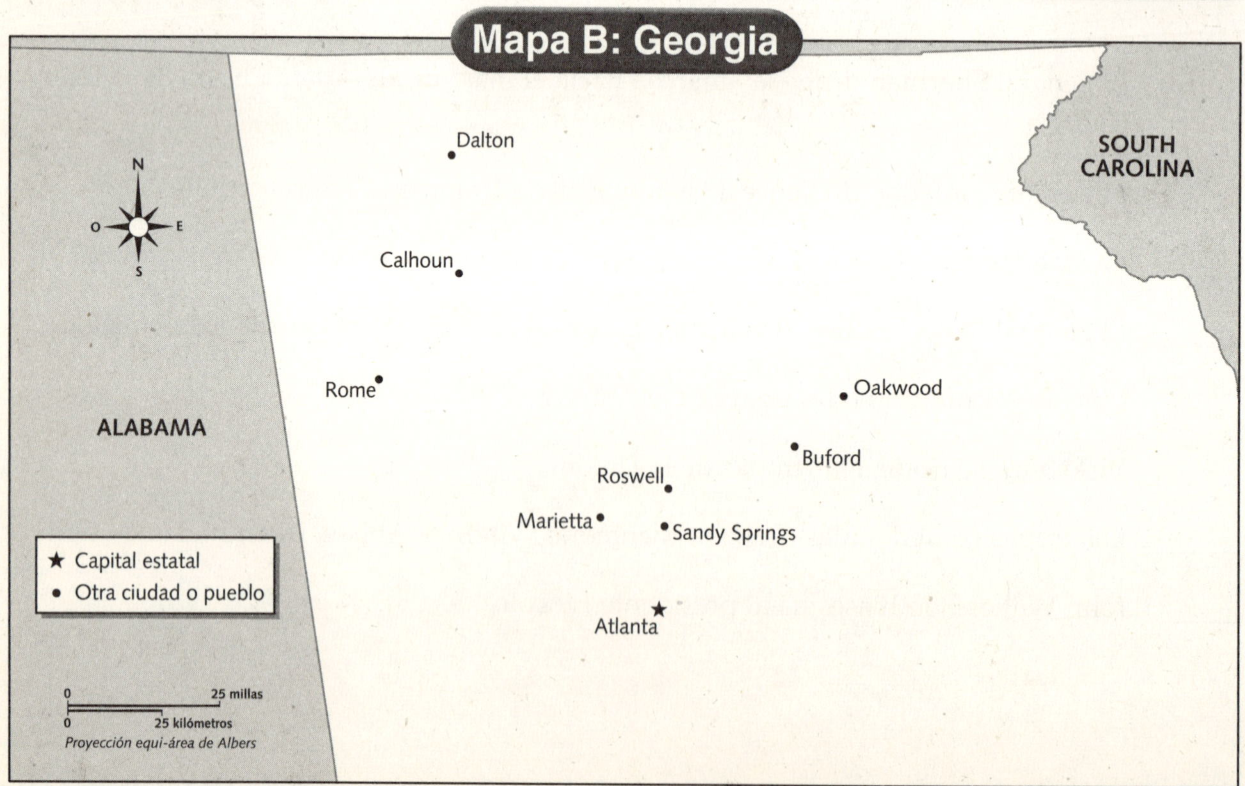

(sigue)

Nombre ______________________ Fecha ______________

1. ¿Qué mapa podrías usar para calcular la distancia entre Waynesborough y Savannah? ______________________

2. ¿Qué mapa podrías usar para calcular la distancia entre Athens y Covington? ______________ ¿Cuál es la distancia en millas? ______________________

3. ¿Qué mapa podrías usar para calcular la distancia entre Atlanta y Macon? ______________ Explica tu respuesta. ______________________

4. ¿Qué mapa podrías usar para calcular la distancia entre Milledgeville y Augusta? ______________ ¿Cuál es la distancia en millas? ______________________

5. ¿Cuál es la distancia en millas entre Marieta y Atlanta? ______________ ¿Qué mapa usaste? ______________

6. ¿Qué mapa usarías si quisieras viajar desde Buford hasta Roswell? ______________ ¿Porqué? ______________________

7. ¿Qué mapa usarías si quisieras viajar desde Columbus hasta Atlanta? ______________ ¿Por qué? ______________________

Capítulo 10

Nombre ______________________ Fecha ______________

Guía de estudio

INSTRUCCIONES Usa los términos del recuadro de abajo para completar la información que falta en estos párrafos acerca de la Guerra Civil.

Lección 1	Lección 2	Lección 3	Lección 4	Lección 5
Compromiso	abolir	Abraham Lincoln	emancipar	Grant
industrias	Dred Scott	Confederación	prejuicios	Lee
regionalismo	Frederick Douglass	Unión	estrategia	Meade

Lección 1 A mediados del siglo XIX, las regiones sur, norte y oeste de Estados Unidos eran muy diferentes. Las personas actuaban con lealtad hacia su región, pero no hacia todo el país. Esta lealtad regional se llama ______________________. Muchos habitantes del norte trabajaban en ______________________, es decir, empresas que fabricaban productos o brindaban servicios. En el sur, los esclavos africanos trabajaban en las plantaciones de algodón y tabaco.

En 1819, Missouri quiso incorporarse a la Unión como estado esclavista. Eso habría alterado el equilibrio entre los estados libres y los estados esclavistas. Henry Clay propuso un acuerdo que se conoció como el ______________________ de Missouri.

Lección 2 ______________________ era un esclavo que inició un juicio para luchar por su libertad. Su caso llegó a la Corte Suprema. El fallo de la Corte Suprema intensificó los desacuerdos acerca de la esclavitud.

Muchos personas trabajaron para poner fin, o ______________________, la esclavitud. ______________________ escapó de la esclavitud y se hizo famoso por sus escritos y discursos contra la esclavitud.

(sigue)

Nombre ______________________________ Fecha ______________

Lección 3 La esclavitud fue un tema importante en la elección presidencial de 1860. La victoria de ____________________ en las elecciones hizo que los estados del sur adoptaran la postura de la secesión. South Carolina fue el primer estado en separarse de la ____________________. Hacia febrero de 1861, otros seis estados también se habían separado. Más tarde se separaron cuatro estados más. Los estados que abandonaron la Unión formaron su propio gobierno nacional, que se conoció como la ____________________.

Lección 4 El plan de la Unión para ganar la guerra era debilitar al sur y, luego, invadirlo. La ____________________ del sur era defender sus tierras del ataque de la Unión.

El 1 de enero de 1863, Lincoln emitió su famosa proclamación. En realidad, el documento no logró ____________________ a muchos esclavos, pero sí logró que la liberación de todos los esclavos fuera una meta más de la guerra. Ahora el sur sabía que si perdía la guerra, la esclavitud llegaría a su fin. Y ese resultado no era aceptable para las personas que tenían ____________________ contra los afroamericanos.

Lección 5 Durante 1863 las tropas de ambos ejércitos obtuvieron victorias muy importantes. En mayo, el general Robert E. ____________________ y su ejército vencieron a las tropas de la Unión en Chancellorsville, Virginia. En julio, la ciudad de Vicksburg, Mississippi, se rindió a las tropas de Ulysses ____________________, general de la Unión. En junio, tras una batalla que duró tres días, las fuerzas de la Unión, al mando de George G. ____________________, vencieron a las tropas de la Confederación en Gettysburg.

Nombre ______________________________ Fecha ________________

Resume el capítulo

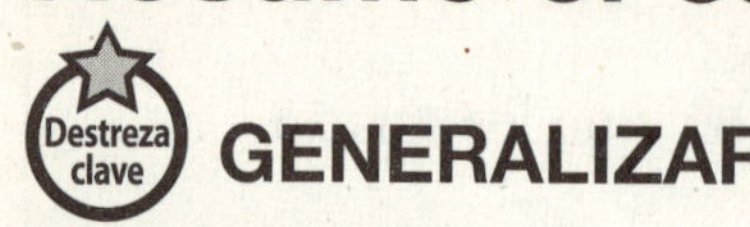

INSTRUCCIONES **Completa los organizadores gráficos para hacer generalizaciones sobre la Guerra Civil.**

Datos

Los estados del norte y los del sur no estaban de acuerdo sobre el tema de la esclavitud.	Después de la elección de Lincoln, muchos estados sureños se separaron de la Unión.	

Generalización

Datos

Algunos cuñados de Lincoln lucharon del lado de la Confederación.	Robert E. Lee conocía a muchos líderes de la Guerra Civil de ambos lados del conflicto.	En los estados fronterizos, a veces los hermanos luchaban en tropas opuestas.

Generalización

____

____

Usar después de leer el Capítulo 10, págs. 404–443.

Nombre ______________________ Fecha ____________

La Reconstrucción

INSTRUCCIONES Elige una persona del recuadro que vivió durante la Reconstrucción. Luego, imagina que eres esa persona y escribe una carta a un amigo para contarle lo que ocurrió en tu vida durante esos días.

Un aparcero	Un nuevo miembro afroamericano del Congreso
Un sureño blanco	Un miembro norteño del Congreso

Nombre ______________________ Fecha ______________

La última frontera

INSTRUCCIONES **Observa la línea cronológica y responde las preguntas.**

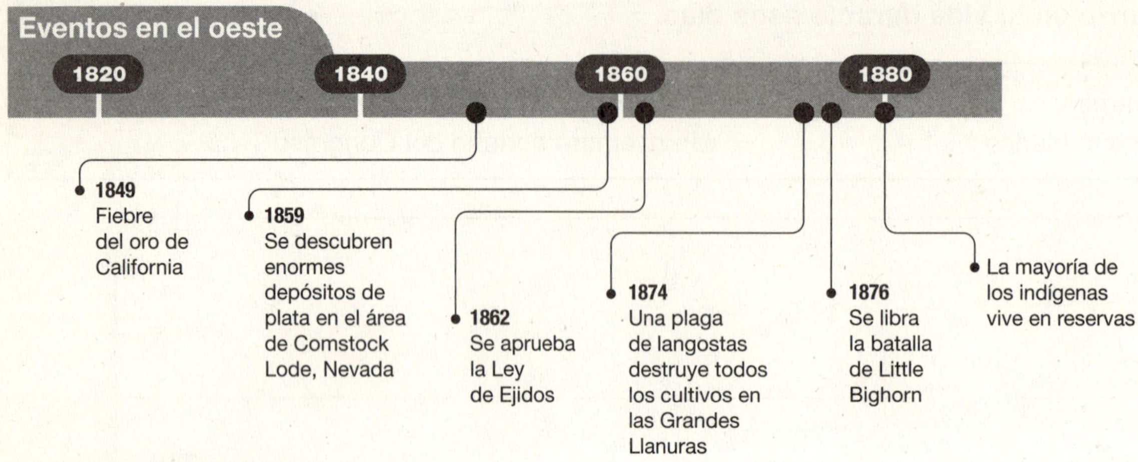

1. ¿Cuántos años después de la fiebre del oro de California se descubrió plata en Comstock Lode?

____

2. ¿Qué dos eventos de la línea cronológica afectaron directamente a los colonos que vivían en las Grandes Llanuras?

____

____

3. ¿Qué evento de la línea cronológica se relaciona con los indígenas y con el ejército de Estados Unidos?

____

____

4. ¿Cuántos años después de la aprobación de la Ley de Ejidos se libró la batalla de Little Bighorn?

____

5. ¿Qué eventos de la línea cronológica crees que afectaron más a los indígenas? Explica tu respuesta.

____

____

Nombre ______________________ Fecha ______________

Destrezas: Distinguir entre hecho y opinión

INSTRUCCIONES Lee las oraciones. En el espacio en blanco, escribe *H* si la afirmación es un hecho. Escribe *O* si la afirmación es una opinión.

_____ 1 Nat Love fue un conocido vaquero afroamericano.

_____ 2 Los cateadores eran codiciosos porque todo lo que querían era oro.

_____ 3 En 1874, millones de langostas devoraron todos los cultivos.

_____ 4 Caballo Loco guió a más de 1,500 guerreros al campo de batalla.

INSTRUCCIONES Escribe un hecho y una opinión acerca de las siguientes personas.

cateadores

5 Hecho ______________________

____

Opinión ______________________

____

ejidatarios

6 Hecho ______________________

____

Opinión ______________________

____

George Armstrong Custer

7 Hecho ______________________

____

Opinión ______________________

____

Nombre ______________________ Fecha ______________

Las nuevas industrias

INSTRUCCIONES **Lee el texto de abajo y responde las preguntas.**

Durante el siglo XIX, el gobierno de Estados Unidos concedió tierras a varias compañías ferroviarias. Las compañías Union Pacific, Santa Fe, Central and Southern Pacific y Northern Pacific recibieron más de 130 millones de acres. Además, los estados del oeste concedieron 49 millones de acres a las compañías ferroviarias. Gracias a esas tierras, la industria ferroviaria pudo abrir nuevos mercados en el oeste para los bienes producidos en el este.

Uno de los efectos del auge del ferrocarril fue la necesidad de rieles más resistentes. Cuando se construyeron los primeros ferrocarriles, los rieles eran de hierro. Pero con el desarrollo de locomotoras más grandes y más veloces, esos rieles de hierro ya no resistían el peso de los nuevos trenes. Un hombre llamado Henry Bessemer inventó una manera de fabricar un hierro capaz de resistir el peso de grandes locomotoras. Como resultado, muchas compañías pudieron hacer llegar sus productos a todo el país más rápidamente.

Una de las compañías que aprovechó los nuevos y veloces trenes fue la Standard Oil Company. Fundada por John D. Rockefeller en 1867, la Standard Oil usaba los trenes para transportar petróleo a todo el país. Hacia 1882, la Standard Oil dominaba por completo la refinación y la distribución de petróleo en Estados Unidos.

1. ¿Cómo obtuvieron las compañías ferroviarias las tierras sobre las que construyeron las vías? ______________________

____

2. ¿Cómo influyó el reemplazo de rieles de hierro por rieles de acero en el transporte de productos a través de Estados Unidos? ______________________

____

3. ¿Qué compañía fundó John D. Rockefeller en 1867? ______________________

4. ¿Qué papel crees que desempeñaron los ferrocarriles en el crecimiento de la Standard Oil?

____

____

 Usar después de leer el Capítulo 11, Lección 3, págs. 462–467.

Nombre ______________________ Fecha ______________

INSTRUCCIONES En el espacio en blanco, escribe la letra de la descripción que corresponde a cada persona.

_____ 1 Andrew Carnegie

_____ 2 William Jenney

_____ 3 Thomas Alva Edison

_____ 4 Alexander Graham Bell

_____ 5 Samuel Gompers

a. Usé armazones de acero para construir edificios altos, llamados rascacielos.

b. Contribuí a la organización de la Federación Americana del Trabajo

c. En 1876, inventé un nuevo teléfono.

d. En 1882, instalé la primera central eléctrica en la ciudad de New York.

e. Desarrollé la industria del acero en Estados Unidos.

Nombre ______________________ Fecha ______________

Las ciudades y la inmigración

Jane Addams, de Chicago, una de las primeras reformadoras

INSTRUCCIONES Relaciona los términos de la columna de la izquierda con las descripciones de la columna de la derecha.

_____ 1 isla Ellis	**a.**	Muchos inmigrantes vivían en esos edificios precarios.
_____ 2 *tenements*	**b.**	Hizo que algunas personas se preocuparan por la entrada de nuevos inmigrantes a Estados Unidos.
_____ 3 isla Angel	**c.**	Muchos inmigrantes ingresaban a Estados Unidos por este lugar, ubicado en Nueva York.
_____ 4 oposición	**d.**	Algunos reformadores fundaron estos lugares donde se daba alimentos y clases a los nuevos inmigrantes.
_____ 5 centros comunitarios	**e.**	Muchos inmigrantes ingresaban a Estados Unidos por este lugar, ubicado en la bahía de San Francisco.

Nombre ______________________ Fecha ______________

Guía de estudio

INSTRUCCIONES Usa los términos del recuadro de abajo para completar la información que falta en estos párrafos acerca de los cambios y el crecimiento de Estados Unidos durante el siglo XIX.

Lección 1	**Lección 2**	**Lección 3**	**Lección 4**
libertos	ejidatarios	inventos	reformadores
juicio político	ganado	petróleo	inmigrantes
Reconstrucción	plata	transcontinental	*tenements*

Lección 1 Abraham Lincoln no vivió lo suficiente para poner en práctica su plan de ______________________. En 1865 se ratificó la Decimotercera Enmienda, que ponía fin a la esclavitud en toda la nación. Sin embargo, los códigos de esclavos seguían limitando los derechos de muchos ciudadanos y ______________________. Después de la muerte de Lincoln, Andrew Johnson asumió la presidencia. Tenía muchos problemas con el Congreso. El Senado sometió a Johnson a ______________________, pero no logró condenarlo.

Lección 2 Los nuevos hallazgos de oro y ______________________ atrajeron más personas al oeste. Los rancheros criaban ______________________ en las praderas de Texas. Los ______________________ se asentaron en las Grandes Llanuras, practicaban la agricultura. Muchos indígenas fueron trasladados a las reservas.

Nombre ______________________ Fecha ______________

Lección 3 El 10 de mayo de 1869, las compañías Union Pacific y Central Pacific finalizaron la construcción del primer ferrocarril ______________ de la nación. La expansión de los ferrocarriles contribuyó al crecimiento de la economía. En esa época comenzó a usarse el querosene como combustible para encender lámparas. Como resultado, creció la demanda y el precio del ______________. Muchos ______________, como el teléfono y la bombilla eléctrica, cambiaron la vida de los estadounidenses. Fue una época de gran crecimiento para muchas industrias. Las personas trabajaban largas horas en las fábricas. Muchos trabajadores comenzaron a unirse en sindicatos para defender sus derechos.

Lección 4 A finales del siglo XIX, millones de ______________ llegaron a Estados Unidos escapando de la violencia y la pobreza. La mayoría de esos inmigrantes eran muy pobres. Por lo general, vivían en grandes ciudades, en edificios precarios y saturados de personas llamados ______________. La mayoría de los inmigrantes se esforzaba por hallar empleo. A muchos estadounidenses les preocupaba que los inmigrantes les quitaran sus empleos, pero los ______________ ayudaron a los recién llegados.

Nombre ______________________ Fecha ______________

Resume el capítulo

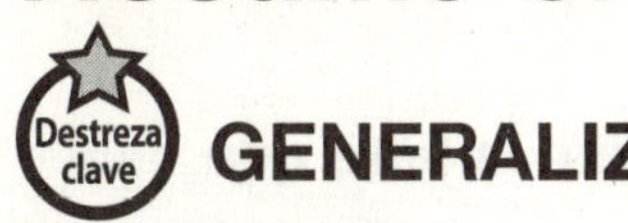

GENERALIZAR

INSTRUCCIONES Completa los organizadores gráficos para hacer generalizaciones acerca de Estados Unidos hacia fines del siglo XIX y comienzos del siglo XX.

Datos

Muchos inmigrantes más llegaron a Estados Unidos.	______	______

Generalización

Hacia fines del siglo XIX, Estados Unidos cambió notablemente debido a la inmigración, la migración y las nuevas industrias.

Datos

Los ferrocarriles se expandieron.	Andrew Carnegie desarrolló la industria del acero en Estados Unidos.	La Standard Oil dominaba la industria del petróleo por completo.

Generalización

____

____

Nombre ______________________ Fecha ______________

Un nuevo rol en el mundo

INSTRUCCIONES Observa el mapa y lee las oraciones. Luego, escribe la letra que corresponde en los espacios en blanco.

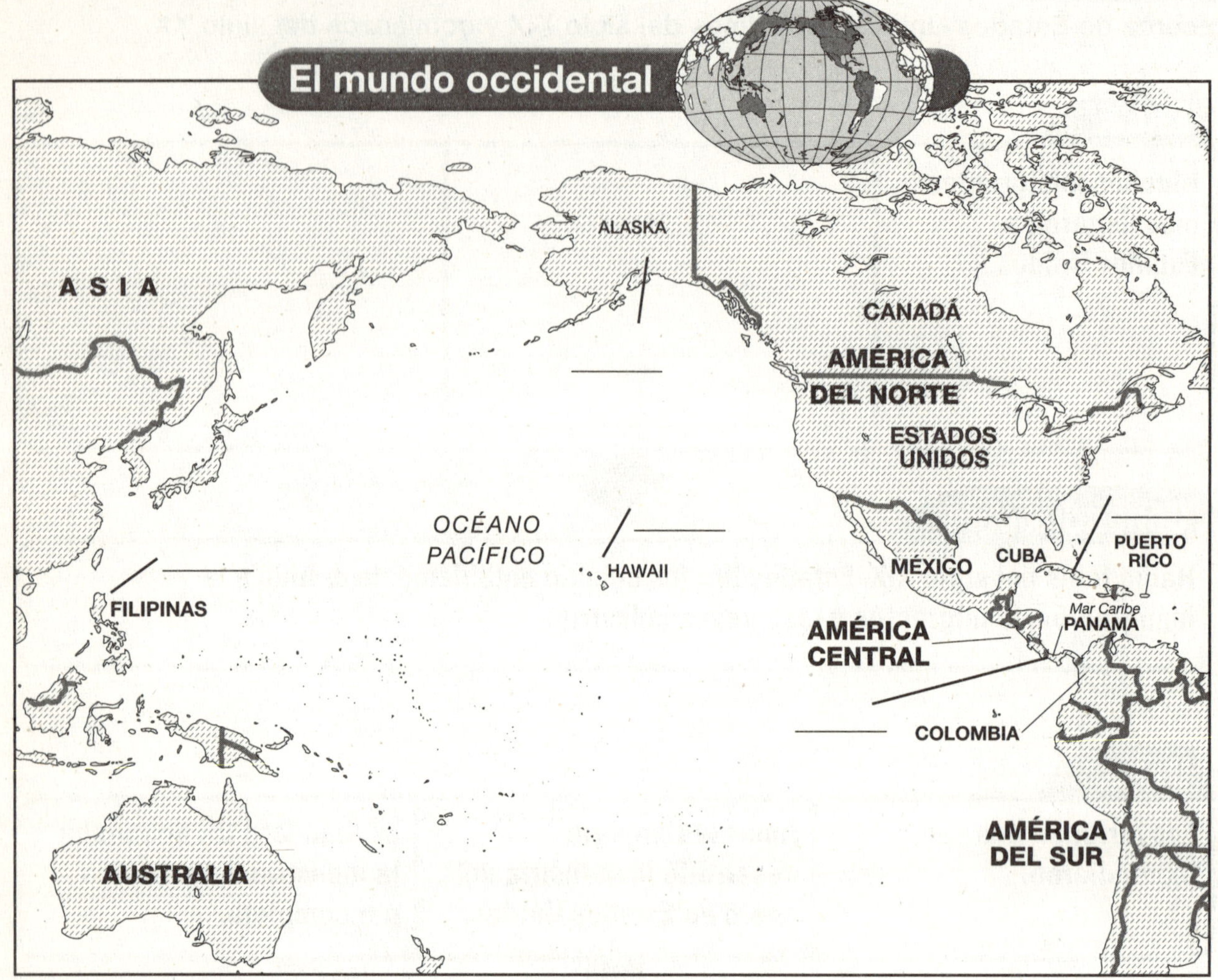

A En 1896 se descubrió oro en este lugar.

B Este lugar era gobernado por una reina hasta que los agricultores estadounidenses que sembraban azúcar allí se sublevaron y tomaron el control del gobierno.

C El presidente McKinley envió el *Maine* a esta colonia española, para proteger a los estadounidenses que vivían allí.

D En este lugar se produjo el primer enfrentamiento de la guerra hispano-estadounidense.

E En este país se construyó un canal para conectar los océanos Atlántico y Pacífico.

 Usar después de leer el Capítulo 12, Lección 1, págs. 494–499.

Nombre ______________________________ Fecha ______________

Primera Guerra Mundial

INSTRUCCIONES Usa los nombres, las palabras y las expresiones del recuadro para completar las oraciones.

"Liberty Bonds"	París	reclutamiento militar
Sociedad de Naciones	Alemania	Decimonovena Enmienda
Serbia	Susan B. Anthony	tierra de nadie
guerra de trincheras		

1. Cuando el archiduque Francis Ferdinand fue asesinado y Austria-Hungría declaró la guerra a ______________________________, comenzó la Primera Guerra Mundial.

2. En 1917, ______________________________ anunció que atacaría y hundiría todos los barcos que hallara en el océano Atlántico.
3. El Congreso aprobó una ley para establecer un ______________________________ con el objetivo de incorporar personas a las fuerzas armadas.
4. Los ejércitos cavaban profundas trincheras en la tierra para protegerse; este tipo de combate se llamaba ______________________________.
5. La zona entre las trincheras era conocida como ______________________________.
6. Para pagar los gastos de la guerra, los estadounidenses compraban ______________________________, un sistema de ahorro que consistía en prestar dinero al gobierno.
7. Cuando terminó la guerra, los líderes de los Aliados se reunieron en ______________________________ para debatir las condiciones de la paz.
8. El Tratado de Versalles creó la ______________________________ para ayudar a los países a resolver los problemas de manera pacífica.
9. Carrie Chapman Catt y ______________________________ ayudaron a las mujeres estadounidenses a obtener el derecho al voto.
10. En 1920 se ratificó la ______________________________.

Nombre ______________________ Fecha ______________

Buenos y malos tiempos

INSTRUCCIONES Los siguientes eventos ocurrieron antes o después del derrumbe de la bolsa de valores, producido el 29 de octubre de 1929. Escribe el número de cada evento en el lado de la gráfica que le corresponde.

Antes de 1929 **Después de 1929**

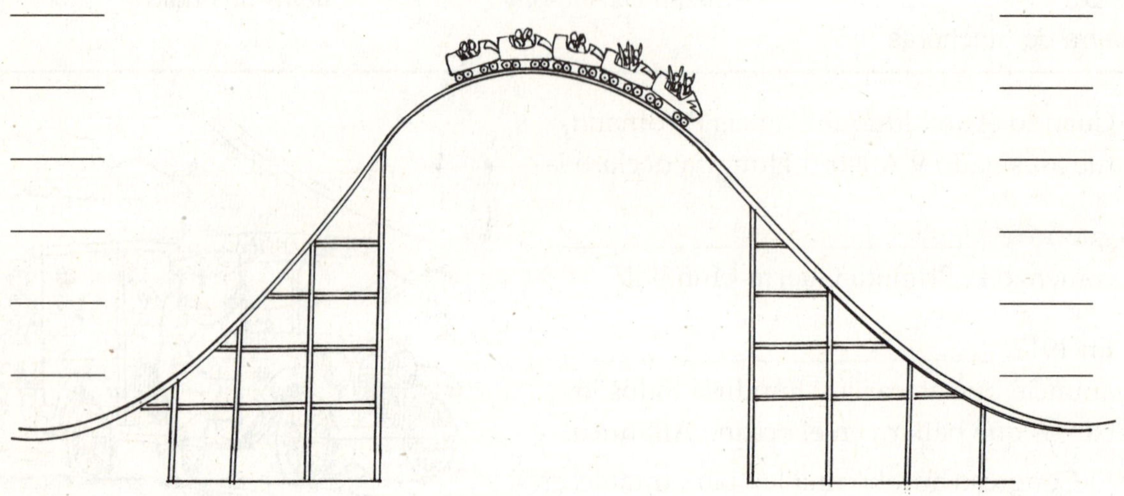

1. Las tormentas de polvo y las sequías obligan a muchos granjeros a abandonar las Grandes Llanuras.
2. El jazz se convierte en una música muy popular.
3. Los estadounidenses eligen a Franklin Roosevelt para su primer mandato presidencial.
4. Henry Ford desarrolla la cadena de montaje.
5. Los automóviles se vuelven accesibles y populares.
6. El presidente Roosevelt anuncia el Nuevo Trato.
7. Artistas, músicos y escritores afroamericanos protagonizan el Renacimiento de Harlem.
8. Las primeras estaciones de radio comienzan a transmitir.
9. El programa de seguridad social otorga dinero a las personas cuando dejan de trabajar.
10. El Congreso crea la Autoridad del Valle de Tennessee.
11. Los espectadores asisten a las primeras películas "habladas".
12. El Cuerpo Civil para la Conservación trabaja en proyectos de conservación de parques nacionales y zonas vírgenes.

Nombre ______________________________ Fecha ______________

Segunda Guerra Mundial

INSTRUCCIONES Lee cada oración. Si la oración es verdadera, escribe *V* en el espacio en blanco. Si la oración es falsa, escribe *F*.

______ 1 Adolf Hitler fue líder del partido Nazi en Alemania.

______ 2 Después de la Primera Guerra Mundial, los dictadores asumieron el poder en Francia e Inglaterra.

______ 3 Alemania invadió Polonia en 1942.

______ 4 Pearl Harbor atacó Japón en 1941.

______ 5 Alemania e Italia se unieron para luchar contra las Potencias del Eje.

______ 6 Durante la Segunda Guerra Mundial, el gobierno de Estados Unidos tomó el control de muchas fábricas para producir pertrechos de guerra.

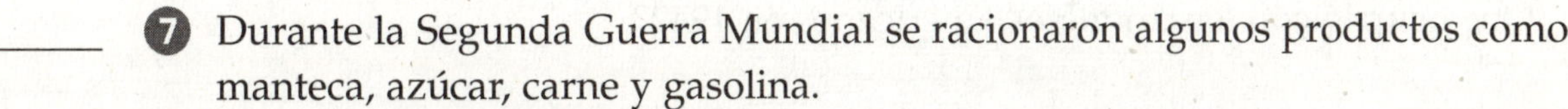

______ 7 Durante la Segunda Guerra Mundial se racionaron algunos productos como manteca, azúcar, carne y gasolina.

______ 8 El Día V-E, 8 de mayo de 1945, terminó la guerra en Europa.

______ 9 Harry S. Truman fue presidente durante la mayor parte de la Segunda Guerra Mundial.

______ 10 Estados Unidos lanzó bombas atómicas sobre Hiroshima y Nagasaki.

Nombre ______________________ Fecha ______________

Destrezas: Leer líneas cronológicas paralelas

INSTRUCCIONES **Usa las líneas cronológicas para responder las preguntas.**

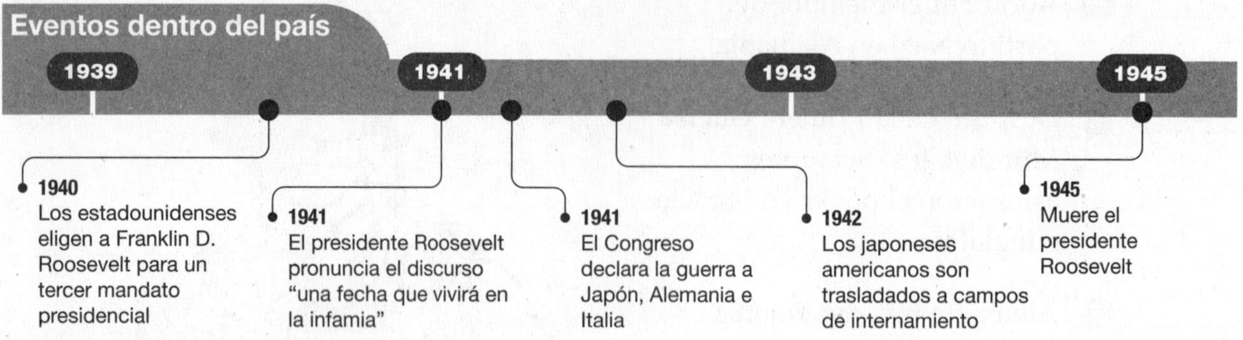

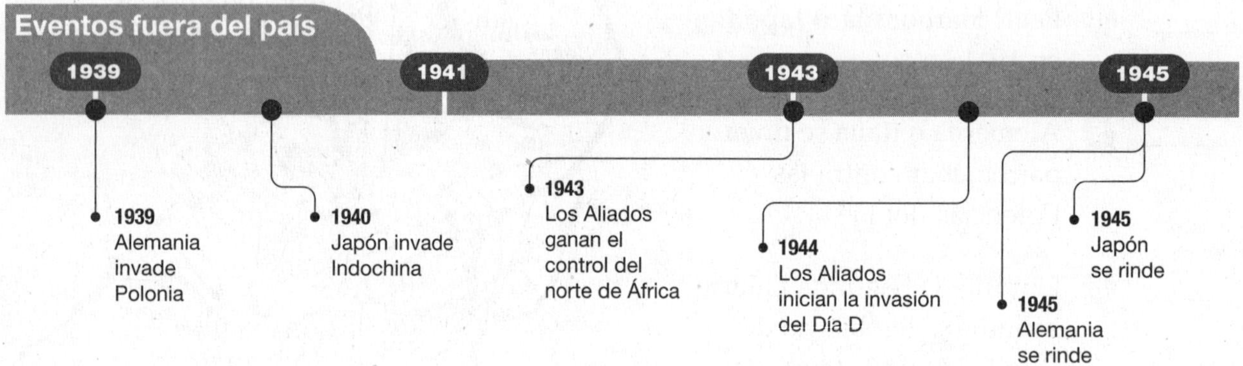

1. ¿En qué año Japón invadió Indochina?____________________

2. ¿Qué ocurrió con los japoneses americanos en 1942?

____

3. ¿Qué ocurrió en Estados Unidos el mismo año en que Japón se rindió?

____

____

(sigue)

Nombre ______________________ Fecha ____________

4. ¿Alemania invadió Polonia antes o después del discurso, "una fecha que vivirá en la infamia"? ____________

5. ¿Qué línea cronológica muestra el primer evento de la guerra?

____

6. ¿Los estadounidenses reeligieron a Roosevelt para un tercer mandato presidencial antes o después de que los Aliados iniciaran la invasión del Día D? ____________

7. ¿Qué hicieron primero los Aliados, iniciar la invasión del Día D o ganar el control del norte de África? ____________

Escribe tres eventos importantes de la Segunda Guerra Mundial que hayan ocurrido en Europa o en África entre 1940 y 1945.

8. ______________________

9. ______________________

10. ______________________

Nombre ______________________ Fecha ______________

Los efectos de la guerra

INSTRUCCIONES Lee los efectos que aparecen en el recuadro. Luego, escribe cada efecto junto a la causa que le corresponde.

Muchos líderes nazis son enjuiciados y sentenciados a muerte por sus crímenes.

Los Aliados comienzan el puente aéreo a Berlín para abastecer la ciudad.

Delegados de 50 países se reúnen en San Francisco para crear la Organización de las Naciones Unidas.

Millones de personas son asesinadas en los campos de concentración; la mayoría de ellos son judíos.

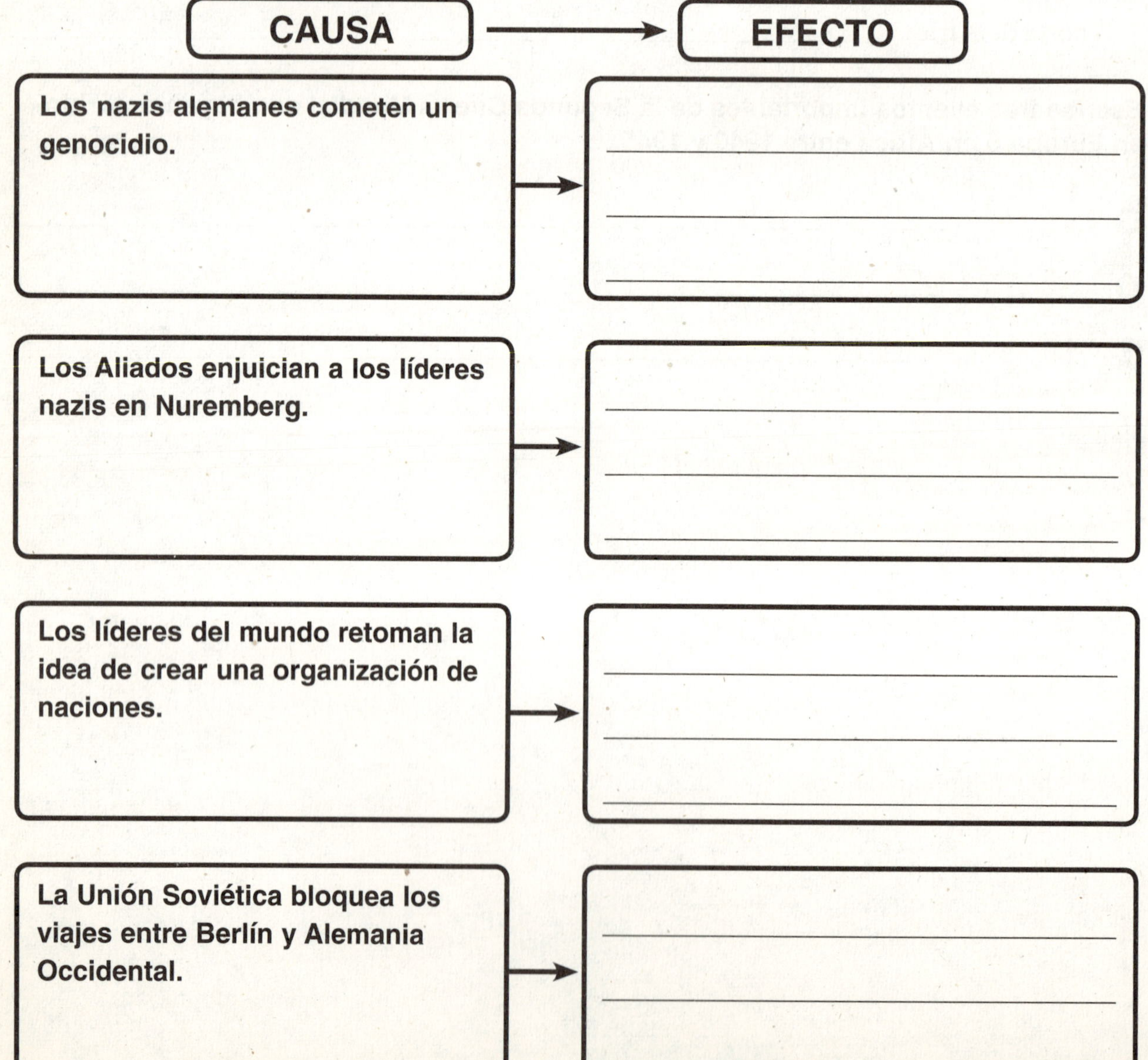

CAUSA	EFECTO
Los nazis alemanes cometen un genocidio.	
Los Aliados enjuician a los líderes nazis en Nuremberg.	
Los líderes del mundo retoman la idea de crear una organización de naciones.	
La Unión Soviética bloquea los viajes entre Berlín y Alemania Occidental.	

 Usar después de leer el Capítulo 12, Lección 5, págs. 524–527.

Capítulo 12

Nombre ______________________ Fecha ______________

Guía de estudio

INSTRUCCIONES Usa los términos del recuadro de abajo para completar la información que falta en estos párrafos acerca de Estados Unidos en la primera mitad del siglo XX.

Lección 1	Lección 2	Lección 3	Lección 4	Lección 5
progresista	Serbia	Renacimiento de Harlem	Pearl Harbor	Unión Soviética
canal de Panamá	París	Nuevo Trato	campos de internamiento	genocidio
Alaska	tierra de nadie	bienes de consumo	Hiroshima	concentración
Filipinas	reclutamiento militar	bolsa de valores	racionamiento	Alemania

Lección 1 A finales del siglo XIX, Estados Unidos continuó creciendo. Compró ______________, que pertenecía a Rusia, y anexó Hawaii. Después de apoyar a Cuba durante la guerra hispano-estadounidense, Estados Unidos se convirtió en una potencia mundial ya que obtuvo el control de Cuba, Puerto Rico, Guam y ______________. Una de las metas principales de Roosevelt como presidente fue construir el ______________, una ruta a través del istmo de Panamá, situado en América Central. El movimiento ______________ creció, con la idea de que el gobierno y los ciudadanos podían mejorar la calidad de vida.

Lección 2 En 1914, tras el asesinato del archiduque Francis Ferdinand, Austria-Hungría declaró la guerra a ______________. Así comenzó la Primera Guerra Mundial. Estados Unidos entró a la guerra cuando un submarino alemán hundió el crucero *Lusitania*. Con el objetivo de incrementar la cantidad de soldados del ejército, el Congreso aprobó un ______________. Los ejércitos luchaban en trincheras, enfrentándose en una zona llamada ______________. En 1949, los líderes de los Aliados se reunieron en ______________ para debatir las condiciones de la paz.

(sigue)

Nombre ______________________ Fecha ______________

Lección 3 La década de 1920 fue una época de prosperidad y libertad artística en Estados Unidos. La gente compraba ______________________, es decir, productos de uso personal, como lavadoras y radios. Los músicos, artistas y escritores afroamericanos disfrutaban del ______________________. Sin embargo, los malos tiempos también comenzaron en la década de 1920. En 1929 la ______________________ se derrumbó. Comenzó la Gran Depresión, una época de sufrimiento para muchos estadounidenses que perdieron sus empleos y pasaron hambre. Para ayudar a la economía, el presidente Roosevelt creó los programas del ______________________.

Lección 4 En 1939, dos millones de soldados alemanes invadieron Polonia, desatando la Segunda Guerra Mundial. Al principio, muchos estadounidenses no querían que Estados Unidos se viera envuelto en otra guerra extranjera. Pero, en 1914, cuando Japón bombardeó ______________________, el Congreso declaró la guerra. Para asegurar que hubiera suficientes bienes para abastecer a los soldados, el gobierno impuso un ______________________ en Estados Unidos. Además, el gobierno ordenó a los soldados llevar a los japoneses americanos a ______________________. Para que la guerra en el Pacífico terminara pronto, Estados Unidos lanzó bombas atómicas sobre ______________________ y Nagasaki en 1945.

Lección 5 Recién cuando terminó la guerra en Europa, se llegó a descubrir todo lo que Hitler y los nazis habían hecho. Los nazis habían encerrado a millones de personas en campos de ______________________. Esa acción fue un ______________________, es decir, un plan organizado para eliminar a un pueblo entero. Los Aliados enjuiciaron a los líderes nazis por sus crímenes. Además, los Aliados dividieron ______________________ en cuatro partes. Al poco tiempo surgieron problemas entre los Aliados y la ______________________, que bloqueó los viajes entre Berlín y Alemania Occidental.

 Usar después de leer el Capítulo 12, págs. 494–529.

Nombre ______________________ Fecha ______________

Resume el capítulo

RESUMIR

INSTRUCCIONES **Completa los organizadores gráficos para mostrar que puedes resumir datos sobre Estados Unidos y su desarrollo como potencia mundial.**

Dato clave

____

____

____

Dato clave

____

____

____

Resumen

Estados Unidos creció como potencia mundial durante el siglo XX.

Dato clave

Las fábricas hicieron nuevos productos, como aspiradoras y refrigeradores.

Dato clave

La bolsa de valores se derrumbó.

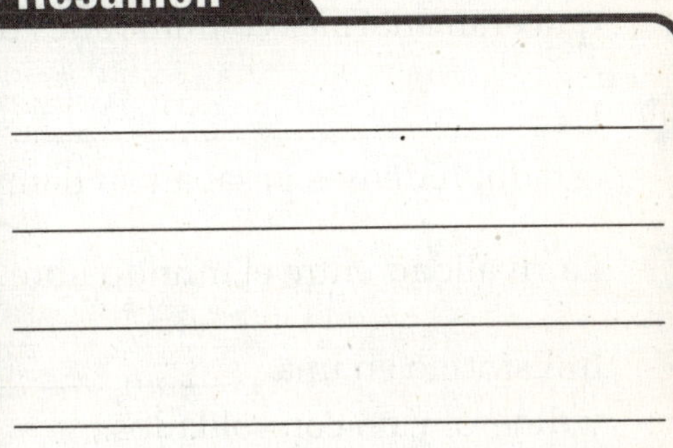

Nombre ______________________ Fecha ______________

La década de 1950

INSTRUCCIONES Usa los términos del recuadro para completar las oraciones de abajo. Escribe tu respuesta en el espacio en blanco.

carrera armamentista	cese al fuego	guerra fría
satélite	suburbios	televisión

1. Las fuerzas de la ONU acordaron un ______________________ para detener temporalmente el combate en Corea.

2. Después de la Segunda Guerra Mundial se construyeron ______________________, que eran enormes comunidades de viviendas en las afueras de las ciudades.

3. La ______________________ cambió el entretenimiento y el modo en que los estadounidenses pasaban su tiempo libre.

4. La rivalidad entre el mundo libre y las naciones comunistas en Europa y Asia se transformó en una ______________________, librada principalmente con palabras y dinero, y no con soldados.

5. Estados Unidos y la Unión Soviética gastaron dinero en una ______________________ ______________________, es decir, una competencia por construir bombas y misiles más poderosos que pudieran llegar hasta el otro país.

6. En 1957, la Unión Soviética lanzó el primer ______________________ espacial del mundo, llamado *Sputnik*.

Usar después de leer el Capítulo 13, Lección 1, págs. 532–537.

Nombre ______________________ Fecha ______________

La década de 1960

INSTRUCCIONES Lee las afirmaciones de abajo. En el espacio en blanco, escribe el nombre de la persona que describe cada afirmación. Puedes usar algunos nombres más de una vez.

Neil Armstrong	Fidel Castro	John Glenn
Lyndon Johnson	John F. Kennedy	Richard Nixon

1. Esta persona fue el primer estadounidense que orbitó la Tierra.

   ____

2. Esta persona fue elegida presidente en 1960. Creó el Cuerpo de Paz, que envía estadounidenses a países en vía de desarrollo. ______________

3. Esta persona fue elegida presidente en 1968, durante la guerra de Vietnam.

   ____

4. Esta persona elaboró un plan, llamado la Gran Sociedad, para ayudar a los niños, los ancianos y los pobres. ______________

5. Esta persona ordenó el bloqueo naval de Cuba. ______________

6. Esta persona fue el primer hombre que caminó en la luna. ______________

7. Esta persona tomó el control de Cuba en 1959 y formó un gobierno comunista.

   ____

8. Esta persona acordó un cese al fuego para detener la guerra de Vietnam.

   ____

9. Esta persona fue asesinada en Dallas, Texas, en 1963. ______________

10. Esta persona dijo: "Este es un pequeño paso para el hombre, pero un salto gigante para la humanidad." ______________

Nombre ______________________ Fecha ______________

Igualdad de derechos para todos

INSTRUCCIONES Imagina que trabajas en el Movimiento por los Derechos Civiles. Un reportero está entrevistándote para su periódico. Escribe tus respuestas en el espacio en blanco.

Rosa Parks

1. ¿Qué fue el boicot a los autobuses de Montgomery, Alabama?

   ____

2. ¿Qué desató el boicot y cuál fue su propósito?

   ____

3. ¿Qué es la no violencia?

   ____

4. ¿Quiénes marcharon en Washington en 1963? ¿Por qué?

   ____

5. ¿Qué establece la Ley de Derechos Civiles de 1964?

   ____

 Usar después de leer el Capítulo 13, Lección 3, págs. 546–550.

Nombre ______________________ Fecha ______________

Destrezas: Comparar diferentes tipos de gráficas

INSTRUCCIONES **Compara las gráficas de abajo para responder las preguntas de la página siguiente.**

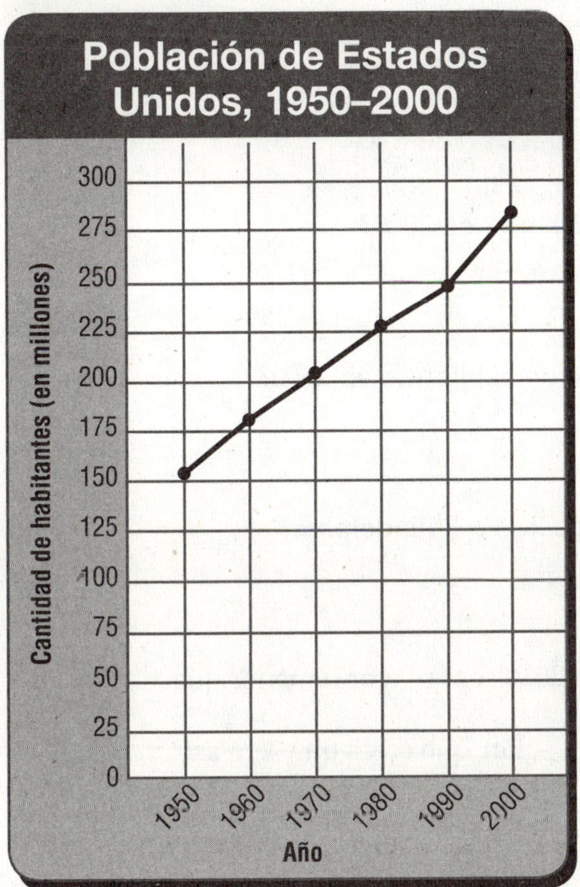

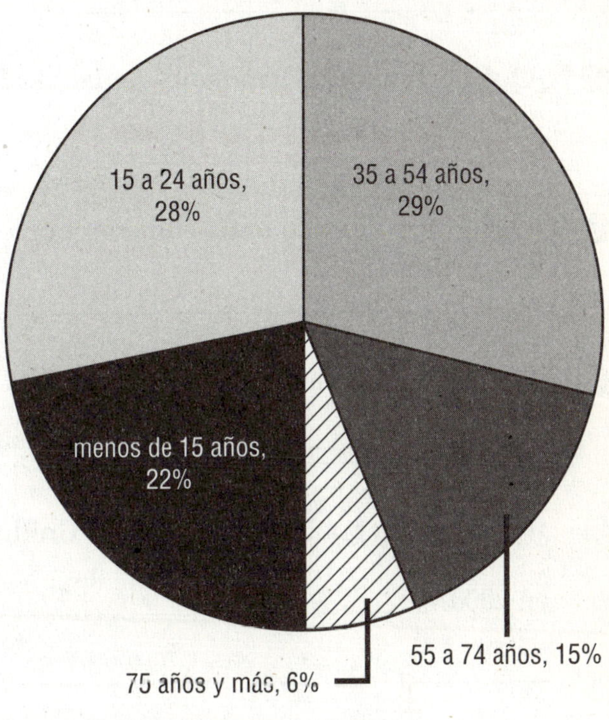

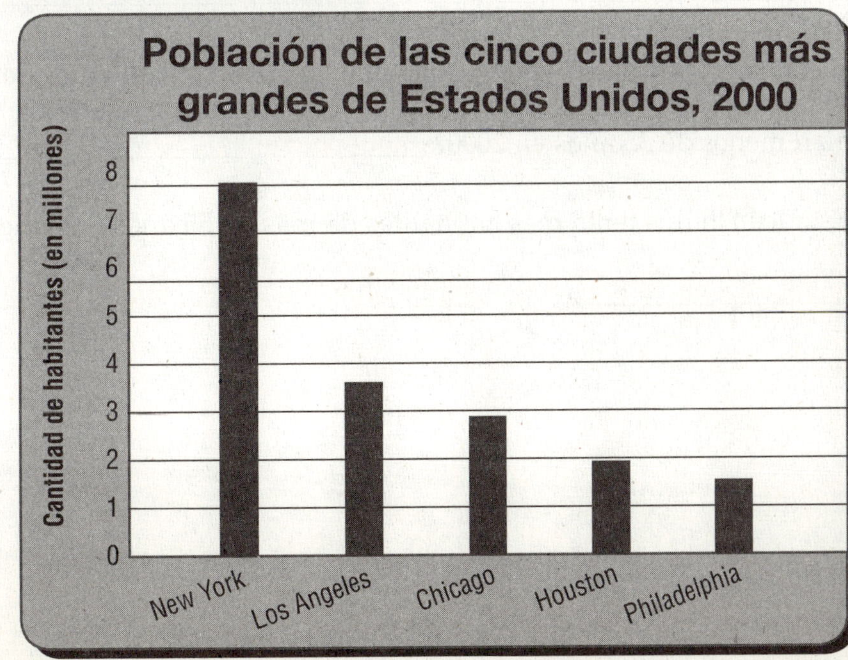

(sigue)

Nombre ____________________ Fecha ____________

1. ¿Qué tipo de gráfica muestra la cantidad de habitantes que tenía Estados Unidos en 1960? ____________________

2. ¿Qué tipo de gráfica muestra la cantidad de habitantes de Chicago en 2000?

____

3. ¿Qué tipo de gráfica muestra mejor los cambios a través del tiempo?

____

4. ¿Qué porcentaje de habitantes tenían de 35 a 54 años en 2000?

____

5. ¿Qué grupo de edad tenía el menor porcentaje de habitantes en 2000?

____

6. ¿Qué ciudad tenía más habitantes en 2000, Houston o Philadelphia?

____

7. ¿Crees que la población de Estados Unidos en 2010 será mayor o menor que en 2000? ____________________ ¿Por qué crees que será así?

____

____

8. De acuerdo con la gráfica lineal, ¿aproximadamente cuántos habitantes de Estados Unidos tenían menos de 35 años en 2000? ____________________

9. ¿En 2000, Estados Unidos tenía más habitantes de más de 55 años o de menos de 55 años? ____________________

 Usar después de leer el Capítulo 13, Lección de destreza, págs. 552–553.

Nombre ______________________ Fecha ______________

Las décadas de 1970 y 1980

INSTRUCCIONES Usa las frases del recuadro para completar la tabla.

Acuerdos de Camp David

primer presidente de Estados Unidos en visitar China y la Unión Soviética

acordó un plan para el control de armas

las reducciones de impuestos crearon un déficit presupuestario

aumentó el gasto militar para ganar la Guerra Fría

escándalo Watergate

trabajadores de la embajada de Estados Unidos fueron tomados como rehenes en Irán

se reunió con Mijail Gorbachov para hacer un "nuevo comienzo" de las relaciones entre Estados Unidos y la Unión Soviética

primer presidente de Estados Unidos en renunciar

Presidente	Eventos ocurridos durante su presidencia
Richard Nixon, 1969–1974	
Jimmy Carter, 1977–1981	
Ronald Reagan, 1981–1989	

Nombre ______________________ Fecha ____________

La década de 1990

INSTRUCCIONES Lee cada afirmación. Si la afirmación es verdadera, escribe *V* en el espacio en blanco. Si la afirmación es falsa, escribe *F*.

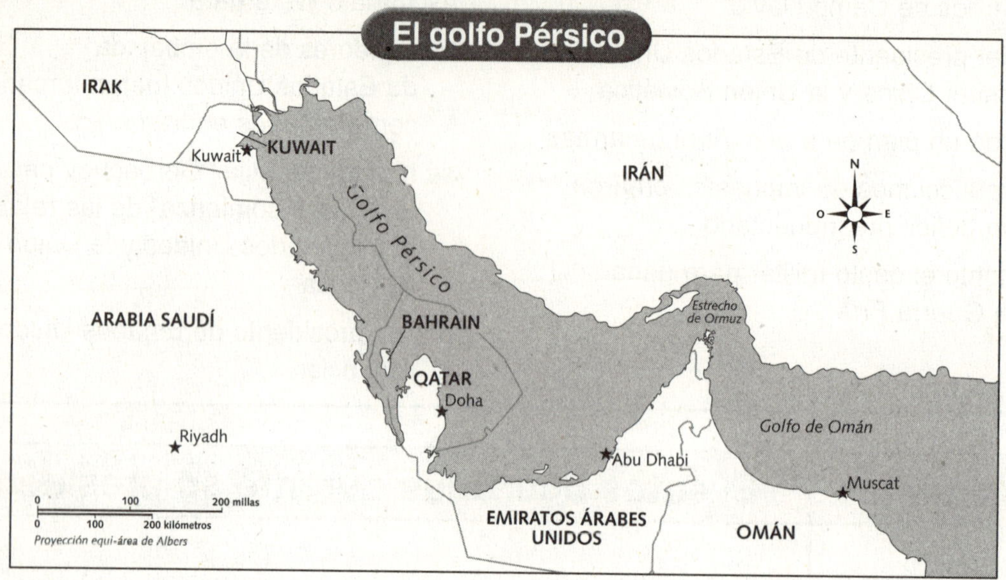

_____ 1 En la década de 1990, millones de personas perdieron sus empleos durante una recesión que duró dos años.

_____ 2 Kuwait invadió Irak en 1990.

_____ 3 Estados Unidos y una coalición de países se unieron para combatir en la Guerra del Golfo.

_____ 4 Colin Powell fue el primer afroamericano en ocupar el cargo de Jefe del Estado Mayor Conjunto.

_____ 5 El presidente Clinton y el Congreso no lograron equilibrar el presupuesto nacional.

_____ 6 Una ley nueva puso un límite de tiempo a los beneficios sociales.

_____ 7 El presidente Clinton fue sometido a juicio político y destituido.

_____ 8 El uso de la violencia para promover una causa se llama terrorismo.

_____ 9 Terroristas extranjeros hicieron estallar una bomba en un edificio del gobierno federal de la ciudad de Oklahoma, en Oklahoma.

_____ 10 En la década de 1990, solo hubo atentados terroristas fuera de las fronteras de Estados Unidos.

Usar después de leer el Capítulo 13, Lección 5, págs. 562–567.

Capítulo 13

Nombre ______________________ Fecha ______________

Guía de estudio

INSTRUCCIONES Usa los términos del recuadro de abajo para completar la información que falta en estos párrafos acerca de Estados Unidos en la segunda mitad del siglo XX.

Lección 1	Lección 2	Lección 3	Lección 4	Lección 5
Sur	Lyndon Johnson	Rosa Parks	Mijail Gorbachov	coalición
guerra fría	Richard Nixon	integración	Richard Nixon	terrorismo
Norte	países en vía de desarrollo	no violencia	Ronald Reagan	Saddam Hussein
carrera armamentista	crisis	César Chávez	Jimmy Carter	Bill Clinton

Lección 1 En la década de 1950, los estadounidenses estaban preocupados por la expansión del comunismo. Además, existía una creciente rivalidad entre Estados Unidos y la Unión Soviética comunista. Esto llevó a una ______________________, que es una guerra que se libra principalmente con palabras y dinero. Los dos países compitieron por construir nuevas armas en una ______________________. Al mismo tiempo, la Organización de las Naciones Unidas envió soldados para ayudar a Corea del ______________________ en la lucha contra la comunista Corea del ______________________.

Lección 2 La Guerra Fría continuó a lo largo de la década de 1960. El presidente Kennedy creó el Cuerpo de Paz, que enviaba estadounidenses a ______________________. Él también evitó que una ______________________ en Cuba se convirtiera en una guerra. En 1963, cuando ______________________ se convirtió en presidente, envió más soldados estadounidenses a Vietnam. La oposición a la guerra crecía, pero el presidente Johnson dijo que Estados Unidos estaba luchando para detener la expansión del comunismo. Sin embargo, cuando ______________________ asumió la presidencia, en 1969, prometió que comenzaría a traer las tropas estadounidenses de vuelta a casa.

(sigue)

Nombre ______________________________ Fecha ______________

Lección 3 El Movimiento por los Derechos Civiles logró cambios increíbles durante las décadas de 1950 y 1960. La familia de Linda Brown decidió luchar contra la segregación en las escuelas públicas. El abogado de la familia, Thurgood Marshall, exigió la ________________, o unión de gente de todas las razas. Muchas personas más lucharon por la igualdad de derechos. ________________ se negó a moverse a la parte trasera de un autobús, su acción desató un boicot. Martin Luther King, Jr., usó la ________________ para producir cambios. ________________ organizó el Sindicato de Trabajadores Agrícolas con el propósito de mejorar la vida de los trabajadores agrícolas migratorios.

Lección 4 En las décadas de 1970 y 1980, los presidentes de Estados Unidos se esforzaron por mejorar la vida en el país y en el mundo. Durante la guerra de Vietnam, ________________ intentó disminuir las tensiones de la Guerra Fría. Fue el primer presidente estadounidense en visitar China y la Unión Soviética. ________________ logró que se firmara un acuerdo de paz entre Israel y Egipto. En 1985, ________________ se convirtió en líder de la Unión Soviética. Sus reuniones con ________________ dieron lugar a nuevos tratados para limitar los misiles.

Lección 5 Estados Unidos enfrentó muchos desafíos en la década de 1990. Cuando ________________ invadió Kuwait, en 1990, estalló la Guerra del Golfo. Estados Unidos y una ________________ de 33 naciones entraron en Kuwait y expulsaron a las fuerzas iraquíes. Después de la guerra, en 1992, ________________ fue elegido presidente. Trabajó para equilibrar el presupuesto nacional. El ________________, es decir, el uso de la violencia para promover una causa, se convirtió en un peligro dentro y fuera de Estados Unidos.

Usar después de leer el Capítulo 13, págs 532–569.

Nombre ______________________ Fecha ______________

Resume el capítulo

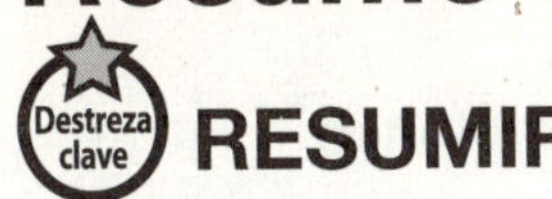

RESUMIR

INSTRUCCIONES **Completa los organizadores gráficos para mostrar que puedes resumir datos sobre las tensiones entre Estados Unidos y la Unión Soviética.**

Dato clave

Tanto Estados Unidos como la Unión Soviética tenían armas nucleares.

Dato clave

Estados Unidos y la Unión Soviética competían en una carrera armamentista.

Resumen

____

____

____

____

____

Dato clave

La Organización de las Naciones Unidas envió soldados para detener la invasión comunista a Corea del Sur.

Dato clave

____

____

____

____

Resumen

Los estadounidenses estaban preocupados por la expansión del comunismo.

Usar después de leer el Capítulo 13, págs. 532–569.

Nombre ______________________________ Fecha ____________

Nuevos desafíos

INSTRUCCIONES **Usa las palabras del recuadro para completar las oraciones.**

Afganistán	Irak	Pennsylvania
Florida	ciudad de New York	Washington, D.C.

1. En ______________________, el resultado de las elecciones presidenciales de 2000 estaba demasiado parejo como para determinar el triunfo de uno de los candidatos.

2. El 11 de septiembre de 2001, un grupo terrorista estrelló dos aviones contra las torres gemelas del World Trade Center de la ______________________.

3. El edificio del Pentágono, en ______________________, también sufrió daños por causa de un ataque terrorista.

4. Un cuarto avión cayó en un campo abierto de ______________________ mientras se dirigía hacia Washington, D.C.

5. En 2001, Estados Unidos y sus aliados derrotaron al gobierno talibán de ______________________.

6. El gobierno de ______________________ cayó en 2003, pero la violencia continuó.

(sigue)

Nombre ______________________ Fecha ______________

INSTRUCCIONES **Lee cada oración. Si la oración es verdadera, escribe *V* en el espacio en blanco. Si la oración es falsa, escribe *F*.**

1. ______ El Departamento de Seguridad Interior fue creado en 1999.

2. ______ El objetivo del Departamento de Seguridad Interior consiste en defender Estados Unidos de los desastres naturales.

3. ______ El presidente George W. Bush fue reelegido en 2004.

4. ______ En 2004, cuatro huracanes se desataron sobre Florida.

5. ______ En 2005, el huracán Katrina azotó la costa del Golfo.

6. ______ En los años 2004 y 2005, fuertes huracanes causaron daños en muchas zonas del Suroeste.

7. ______ El huracán Katrina fue unos de los peores desastres naturales en la historia de Estados Unidos.

8. ______ El gobierno federal lanzó un importante programa de reconstrucción en las zonas dañadas por el huracán Katrina.

Nombre ______________________ Fecha ______________

La economía de nuestra nación

INSTRUCCIONES **Usa las palabras del recuadro para responder cada pregunta.**

competencia	especialización	bienes de capital	escasez

1. Este correo electrónico habla acerca de la

______________________.

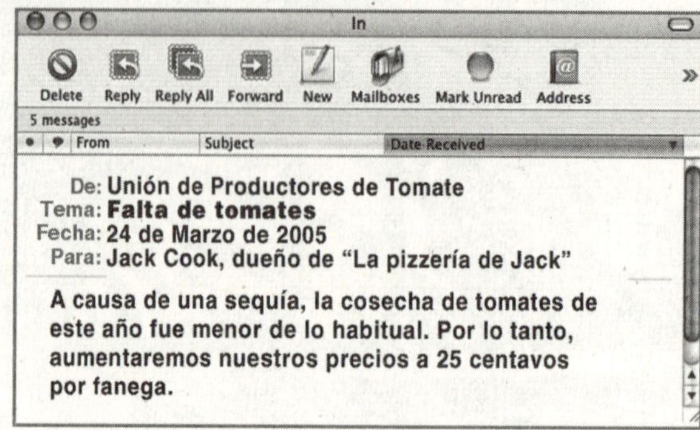

2. Este plan comercial también debería incluir

______________________: hornos, cajas, mostradores.

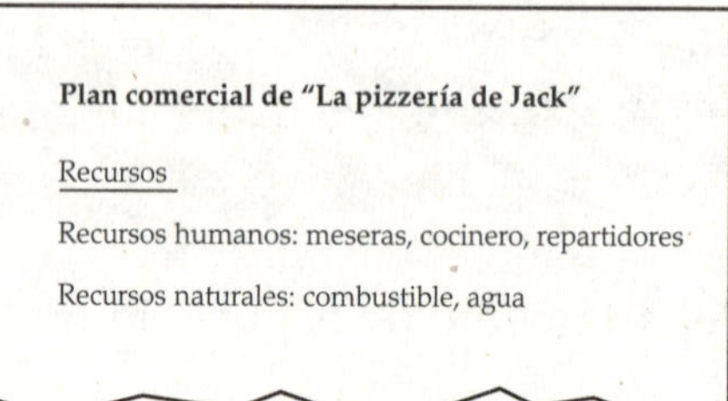

3. Estos carteles muestran ______________________ entre los dos restaurantes.

4. Este anuncio muestra

______________________ en un restaurante.

 Usar después de leer el Capítulo 14, Lección 2, págs. 576–581.

Nombre ______________________ Fecha ______________

Destrezas: Tomar una decisión económica

INSTRUCCIONES **Tomar decisiones económicas bien pensadas es una destreza importante. La mayoría de las personas no pueden comprar todo lo que quieren. Deben hacer intercambios de beneficios y comprender los costos de oportunidad de sus opciones. Imagina que has ahorrado para comprar una bicicleta nueva. También te gustaría tener un nuevo videojuego. Completa el diagrama para tomar una buena decisión económica.**

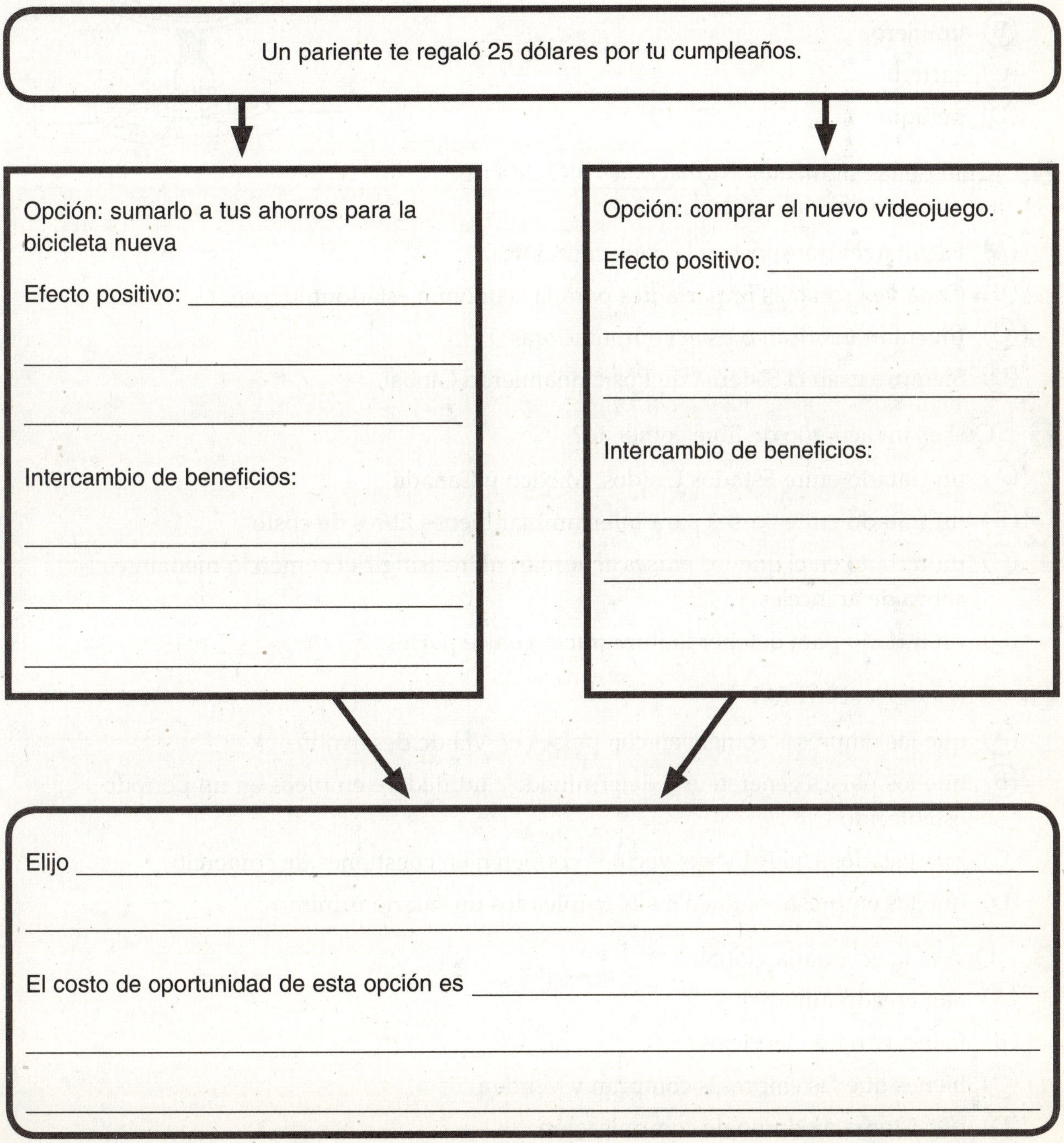

Un pariente te regaló 25 dólares por tu cumpleaños.

Opción: sumarlo a tus ahorros para la bicicleta nueva

Efecto positivo: ______________________

Intercambio de beneficios: ______________________

Opción: comprar el nuevo videojuego.

Efecto positivo: ______________________

Intercambio de beneficios: ______________________

Elijo ______________________

El costo de oportunidad de esta opción es ______________________

Nombre ______________________ Fecha ______________

Una economía global

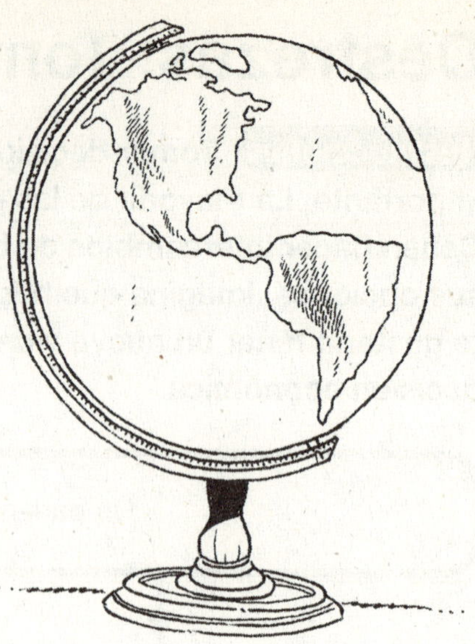

INSTRUCCIONES Lee cada pregunta y elige la respuesta correcta. Luego, rellena el círculo de la respuesta que has elegido.

1. ¿Cuál de los siguientes trabajadores **NO** forma parte de la industria de servicios?
   - Ⓐ maestra
   - Ⓑ granjero
   - Ⓒ cartero
   - Ⓓ peluquero

2. ¿Cuál de las siguientes afirmaciones **NO** describe industrias de tecnología avanzada?
   - Ⓐ Facilitan el transporte y la comunicación.
   - Ⓑ Cada vez son más importantes para la economía estadounidense.
   - Ⓒ Inventan, fabrican o usan computadoras.
   - Ⓓ Siempre usan el Sistema de Posicionamiento Global.

3. ¿Qué es un acuerdo de libre comercio?
   - Ⓐ un tratado entre Estados Unidos, México y Canadá
   - Ⓑ un tratado entre países para intercambiar bienes libres de costo
   - Ⓒ un tratado en el que los países acuerdan no restringir el comercio mediante el cobro de aranceles
   - Ⓓ un tratado para detener la inmigración entre países

4. ¿Qué exige el NAFTA?
   - Ⓐ que las empresas comercien con países en vía de desarrollo
   - Ⓑ que los países generen una determinada cantidad de empleos en un período establecido
   - Ⓒ que Estados Unidos y sus vecinos cooperen en cuestiones de comercio
   - Ⓓ que las empresas paguen a sus empleados un salario mínimo

5. ¿Qué es la economía global?
   - Ⓐ el mercado mundial
   - Ⓑ la industria de servicios
   - Ⓒ bienes que las empresas compran y venden
   - Ⓓ un sistema moderno de comunicación

Usar después de leer el Capítulo 14, Lección 3, págs. 584–587.

Nombre ______________________ Fecha ______________

Destrezas: Leer un mapa de husos horarios

INSTRUCCIONES Usa el mapa para responder las preguntas de la página 140.

Mapa de husos horarios de Estados Unidos

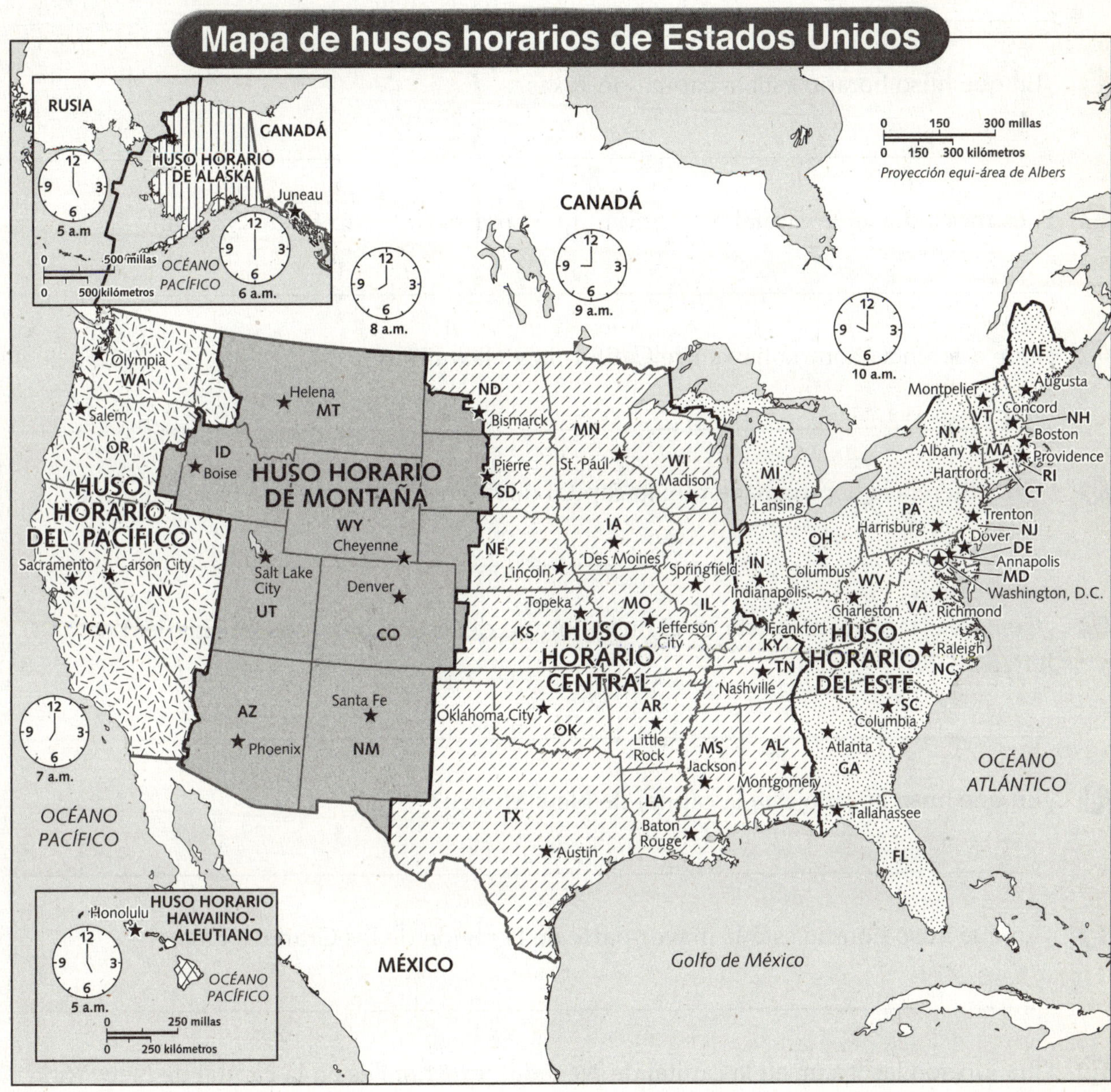

(sigue)

Nombre ______________________________ Fecha ______________

1. ¿Cuál es la capital de California y en qué huso horario está?

____

2. ¿Qué dos husos horarios abarca Texas?

____

3. ¿En qué huso horario está la capital de Texas?

____

4. Si es mediodía en la capital de Florida, ¿qué hora es en la capital de Oregon?

____

5. ¿Qué diferencia horaria hay entre California y Hawaii?

____

6. ¿Qué diferencia horaria hay entre la capital de Illinois y la capital de Colorado?

____

7. ¿Cuál de estas capitales está en el huso horario del este: Columbus, Springfield o Jefferson City?

____

8. ¿En qué huso horario está la capital de New Mexico?

____

9. ¿En qué huso horario está la mayor parte de la región de los Grandes Lagos?

____

10. Cuando son las 9 a.m. en la capital de Nevada, ¿qué hora es en la capital de New York?

____

 Usar después de leer el Capítulo 14, Lección de destreza, págs. 588–589.

Nombre ______________________ Fecha ______________

El crecimiento y el ambiente

INSTRUCCIONES Usa las frases del recuadro para completar la tabla. Puedes usar algunas frases más de una vez.

Las personas pueden viajar.	Se necesita más agua y más electricidad.
El crecimiento genera empleos.	Los agricultores pueden irrigar sus tierras.
Aumenta el tráfico y la contaminación.	La gente lleva nuevas especies que pueden ser dañinas.
Permite transportar bienes.	Las plantas y los animales son desplazados.
Río abajo, las personas no tienen agua.	Aumenta la cantidad de viviendas.

Los efectos del crecimiento y el cambio		
Ejemplo	**Efectos positivos**	**Efectos negativos**
crecimiento de áreas urbanas y suburbios		
carreteras interestatales		
navegación a través de los Grandes Lagos		
uso del agua del Río Grande		

Capítulo 14

Nombre ______________________ Fecha ______________

Guía de estudio

INSTRUCCIONES Usa los términos del recuadro de abajo para completar la información que falta en estos párrafos acerca de Estados Unidos en el siglo XXI.

Lección 1	Lección 2	Lección 3	Lección 4
Saddam Hussein	productividad	tecnología avanzada	población
George W. Bush	mercado	inmigración	no renovables
Irak	libre empresa	globalización	contaminación
Afganistán	dirigida	servicios	ambiente
Al Gore	bienes de capital	NAFTA	expansión urbana

Lección 1 Las elecciones presidenciales de 2000 demostraron lo importante que es el voto de cada persona. El resultado estaba muy parejo, pero un fallo de la Corte Suprema volcó la elección a favor de ______________________ sobre ______________________. En 2001, Estados Unidos sufrió el peor ataque terrorista de su historia. Los líderes del gobierno descubrieron que los terroristas tenían vínculos con el gobierno talibán de ______________________. Dos años después, Estados Unidos y sus aliados atacaron ______________________ y el gobierno de ______________________ cayó.

Lección 2 Estados Unidos tiene una economía de ______________________, en la que los negocios se desarrollan con un control limitado por parte del gobierno. En una economía ______________________, el gobierno controla la producción. En una economía de ______________________, los bienes y servicios se asignan por precio. Todas las empresas necesitan trabajadores, recursos naturales y ______________________. La ______________________ es la medida de cuántos recursos se necesitan para producir bienes y servicios.

(sigue)

 Usar después de leer el Capítulo 14, págs. 572–595.

Nombre ______________________________ Fecha ______________

Lección 3 La economía de Estados Unidos cambia constantemente. Aunque las industrias de ______________________ constituyen la parte más importante de la economía de Estados Unidos, las industrias de ______________________ han ido cobrando cada vez mayor importancia. Un tratado de libre comercio, llamado ______________________, ha incrementado el comercio entre Estados Unidos, México y Canadá. Sin embargo, la ______________________ ilegal de trabajadores mexicanos ha generado conflictos. Muchas compañías estadounidenses tienen oficinas y fábricas en otros países, eso es un signo de la creciente ______________________.

Lección 4 Estados Unidos es un país en crecimiento. Sin embargo, el crecimiento que es saludable para la economía puede ser perjudicial para el ______________________. El crecimiento de la ______________________ significa que se necesita más agua y más electricidad. Más gente en un área también significa más automóviles, más tráfico y más ______________________ del aire. Muchos acres de tierras abiertas y bosques se han usado para construir casas, edificios de apartamentos, calles y negocios nuevos. Ese crecimiento de las áreas urbanas se llama ______________________. Como la población continúa creciendo y cambiando la tierra, Estados Unidos trabaja con otros países para preservar los recursos ______________________.

Nombre ______________________ Fecha ______________

Resume el capítulo

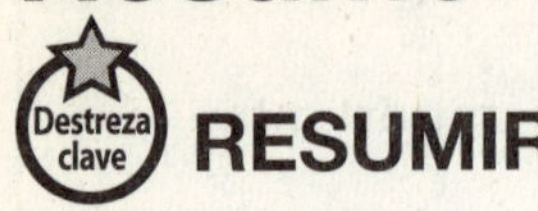

RESUMIR

INSTRUCCIONES **Completa los organizadores gráficos para mostrar que puedes resumir datos sobre la economía actual de Estados Unidos.**

Dato clave

El crecimiento genera empleos y necesidad de viviendas.

Dato clave

El crecimiento puede dañar a las plantas y los animales y causar contaminación.

Resumen

____

Dato clave

Las personas y las empresas responden las preguntas económicas fundamentales.

Dato clave

Los consumidores tienen la libertad para tomar decisiones económicas.

Resumen

____

Usar después de leer el Capítulo 14, págs. 572–595.